Animal SDGs

World ! The Animal Conference on the Environment

Animals Speak on the SDGs

nurue

Dedicated to
Urakawa Haruzo Ekasi

First published in JAPAN by nurue R&D
Shinjuku View City 904, 2-2-1
Shinjuku, Shinjuku-ku, Tokyo, 160-0022

$$\frac{1}{3}$$

１／３は 自分のために
１／３は 動物（自然）のために
１／３は 未来のために

1/3は自分《じぶん》のために
1/3は動物《どうぶつ》（自然《しぜん》）のために
1/3は未来《みらい》のために

これは、自然《しぜん》と共生《きょうせい》してきた世界の先住民《せんじゅうみん》の人たちに共通《きょうつう》する考え方です

北海道の阿寒湖《あかんこ》にあるギャラリーには、アイヌ彫刻家《ちょうこくか》の故・藤戸竹喜《ふじとたけき》（1934-2018）氏による大きな木彫《きぼ》りの作品があります。その解説《かいせつ》に、熊《くま》の神《かみ》と鮭《しゃけ》の神《かみ》の会話があります

熊神「オレはお前を半分だけいただくことにしよう」
鮭神「わたしはふる里《さと》の川に子孫《しそん》をたくさん残《のこ》してきたから思《おも》い残《のこ》すことはありません。さあ、わたしをお上《あ》がりください」
熊神「それでは遠慮《えんりょ》なく半分喰《く》うぞ！残《のこ》りの半分は森に分《わ》け与《あた》えて大地の栄養《えいよう》としよう」

そこには、生態系《せいたいけい》の中で動物同士《どうし》の食うか食われるかの関係性《かんけいせい》が
しめされているのではないでしょうか

わたしたちは、いつの頃《ころ》から
地球《ちきゅう》は人間だけのものであり
人間以外《いがい》の動物、植物、鉱物《こうぶつ》にいたるまで
自分たちの財産《ざいさん》や資源《しげん》とみなすようになってしまったのでしょうか

今あらためて、想像力《そうぞうりょく》の翼《つばさ》を広げ
動物たちの視点《してん》にたって人間たちの営《いとな》みをみてみましょう

動物かんきょう会議プロジェクト

アニマルSDGs

どうぶつに聞いてみた

はじめに
ＳＤＧｓとアニマルＳＤＧｓ

ＳＤＧｓ（Sustainable Development Goals）は、２０１５年に国連《こくれん》で採択《さいたく》された、持続可能《じぞくかのう》でよりよい世界を目指《めざ》すための「持続可能《じぞくかのう》な開発目標《もくひょう》」です。17の目標で構成《こうせい》され、２０３０年をゴールとしています。

いま、目標達成《もくひょうたっせい》までの道のりの半《なか》ばまでやって来て思うのは、ＳＤＧｓの考え方はどうしても人間中心《にんげんちゅうしん》だという事です。しかも、比較的《ひかくてき》楽な暮《く》らしをしている人達《ひとたち》や、その社会を動かしている政治《せいじ》や産業《さんぎょう》に関《かか》わる人は、今の状況《じょうきょう》をあまり変《か》えないで目標を達《たっ》成《せい》できないか、と考えているようです。

悪化《あっか》する環境変化《かんきょうへんか》による被害者《ひがいしゃ》は、未来《みらい》の世代《せだい》の子どもたちです。ＳＤＧｓの１番から17番までの目標は今の大人たちにとって都合《つごう》の良《よ》いものではなく、そのすべてが「未来《みらい》の世代の子どもたち」のために捧《ささ》げられるものでなければならないのですから、そのことを18番目の目標として加えましょう。

人間はこの地球に生きる1億種類《しゅるい》ともいわれる動植物の中のたった一種類《いっしゅるい》にすぎません。現在《げんざい》80億人を超《こ》えた人間が自分たちの欲求《よっきゅう》を満《み》たそうとすれば、地球《ちきゅう》の環境《かんきょう》にさらなる負荷《ふか》がかかり、人間を含《ふく》めたすべての生きものたちの生存《せいぞん》を脅《おびや》かします。

本書『どうぶつに聞いてみた／アニマルＳＤＧｓ』では、人間が考えるＳＤＧｓが人間以外《いがい》の世界からはどう見えるのか、人間の立場を離《はな》れて想像《そうぞう》してみます。

ＳＤＧｓでは、地球上の「誰一人《だれひとり》取《と》り残《のこ》さない（leave no one behind）」ことを誓《ちか》っています。その「誰一人《だれひとり》」には、今生きている人間ばかりではなく、これから生まれてくる生きものたちすべてが含《ふく》まれなければなりません。

... 40

... 48

... 56

... 88

... 96

... 104

... 136

... 144

... 152

目次

序文　1／3は自分のために　1／3は動物（自然）のために　1／3は未来のために …3

はじめに　SDGsとアニマルSDGs …8

第一章　どうぶつに聞いてみた

… 16

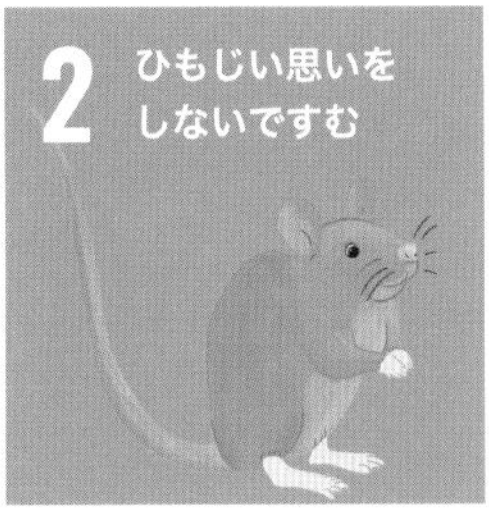

… 24

… 32

… 64

… 72

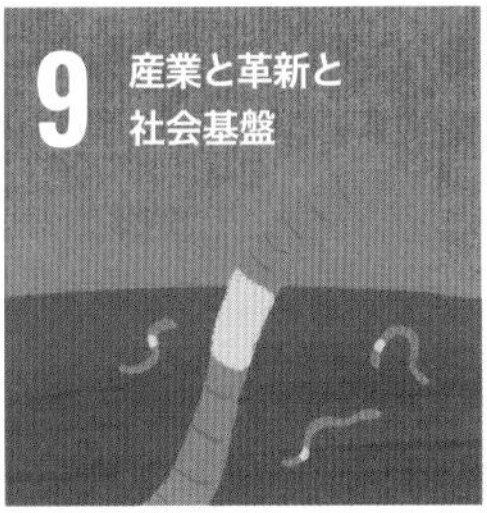

… 80

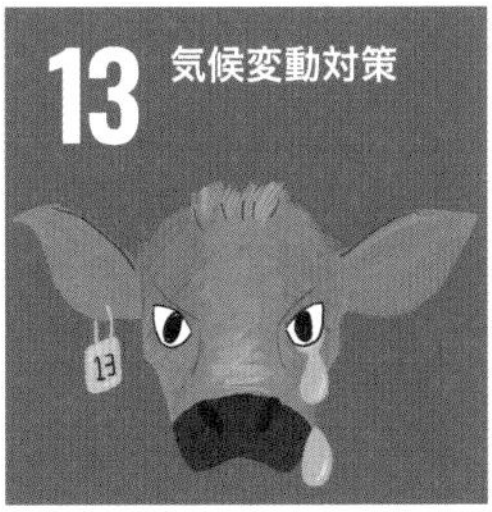

… 112

… 120

… 128

「動物かんきょう会議」から生まれた「アニマル SDGs」 ... 176
動物キャラクターたちからのメッセージ ... 178
あとがき ... 188
動物かんきょう会議プロジェクトの沿革 ... 194

2030年に向けて
世界が合意した
「持続可能な開発目標」です

第二章　未来の子どもたち

SDGs の 18 番を加えることを提案します … 164
動物の目でわたしたち自身を見てみる … 168
動物から見た世界 … 170
サステナブルデザインということ … 172

第一章
どうぶつに聞いてみた

1 貧しさをなくす

目標1

どこにも、どんな貧しさも

ないようにしよう

なにもさえぎるものがない
澄《す》みきった空を
コンドルが
悠々《ゆうゆう》と飛《と》んで行く

荒野《こうや》を横切《よこぎ》り
豊《ゆた》かな緑の大地へと
ひとっ飛《と》び

ふと目を下に移《うつ》すと
たくさんの人たちが
国境《こっきょう》らしき柵《さく》あたりに
群《むら》がっている

24h SHOP

あの人たちは閉《と》じ込《こ》められているのか？
なにか、悪いことでもしたのか？
まるで、鳥かごに閉《と》じ込《こ》められたわしらの仲間《なかま》みたいだ。可哀《かわい》そうに
あれが国境《こっきょう》か。だれが作ったんだろう

人間は自由《じゆう》に行き来できるのかと思っていたよ
あの柵《さく》の向こうは、水や緑がある豊《ゆた》かな土地だ
野菜《やさい》も穀物《こくもつ》もたくさん採《と》れるだろうな
向こうの人たちは、そういう富《とみ》を自分たちで
独《ひと》り占《じ》めしたいからよその人たちを
柵《さく》の内側《うちがわ》に入れたくないんだろうな
とはいっても、荒《あ》れた土地にも裕福《ゆうふく》な人たちはいる

なぜだろう

お金や富《とみ》がどこかに、一握《ひとにぎ》りのだれかに集まっちゃうんだろうな
いつか金持ちの人間に飼《か》われているフクロウが
「お金があれば何でも買えるらしい」って言ってたな
ま、そいつもお金で売られちまったけどよ

豊《ゆた》かな国に集まるモノとお金……
お金がなければ生きていけないのか
人間は分け合うってことを知らないらしいな
不自由《ふじゆう》なもんだ

あれじゃあ、貧富《ひんぷ》の差《さ》が開くばかりだな
わたしにはお金などないけど自由という翼《つばさ》がある

そう言って空高く舞《ま》い上《あ》がった

金なんか
みんなに配ってしまえばいいんだ

▶ワシのワッシ

[無邪気《むじゃき》で単純《たんじゅん》な発明家]

テキサスで両親が経営《けいえい》する農園を手伝《てつだ》っている。手先が器用《きよう》でたいていのことは勘《かん》でできてしまうかなりの自信家《じしんか》。ハイスクールの時からつきあっていたガールフレンドと別《わか》れたばかりで、少々荒《あ》れ気味《ぎみ》。

人も動物も、自分の生まれるところを選《えら》ぶことはできない。人はなぜ動物のように自由に豊《ゆた》かな土地に移《うつ》り住《す》めないのだろう？
国境《こっきょう》ってなぜあるのだろう？

動物は獲物《えもの》をひとりじめにしたり、ため込《こ》んだりしないのに、なぜ人間だけがするのだろう？

貧《まず》しい人とお金持ちの人の違《ちが》いってどのくらいあるのだろう？

お金を持っている人が持っていない人に分ける方法《ほうほう》はないのだろうか？

貧《まず》しい人とお金持ちの差《さ》がどんどん広がる資本主義《しほんしゅぎ》って何だろう？

2 ひもじい思いをしないですむ

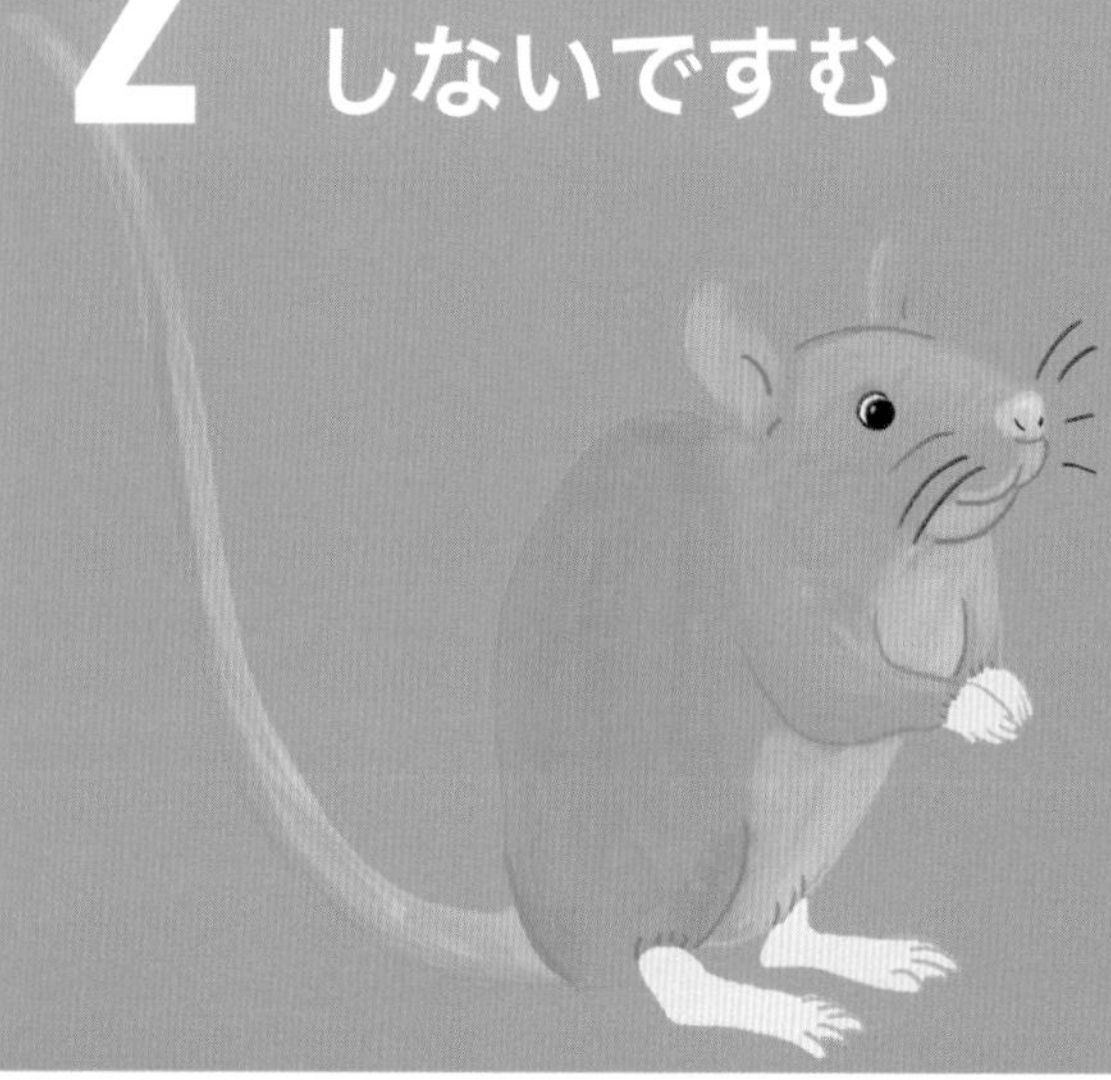

目標2

食べ物がちゃんとあって
栄養が足りるように
しっかりと農業をつづけよう

ある日、一匹《ぴき》のネズミが
住みついていた老人《ろうじん》と子どもの家から逃《に》げ出《だ》した

まったくひどいものだ
ただきえ雨が降《ふ》らないから畑が荒《あ》れているっていうのに
イナゴが大発生して作物が食《く》い荒《あ》らされて
何もなくなってしまったよ
このままだと村は全滅《ぜんめつ》だな

オイラもここにいたら生きていけないから
悪いけど旅に出るよ

村を出て歩いているとたくさんのニワトリの声がひびく、ちょっと大きな小屋があった
のぞいてみるとニワトリたちが山盛《やまも》りの穀物《こくもつ》をせわしなくつついている

なんだ、なんだ、たくさんあるじゃねえか！
そこに住みついているネズミがいうには
このニワトリたちは丸々と太らされてから売られて
都会の人間に食べられてしまうんだとか
ニワトリの餌《えさ》にする穀物《こくもつ》があれば村の人たちも生きていけるのに
金持ちの人間たちに売る肉や卵《たまご》をつくる餌《えさ》にするため
ニワトリに食べさせているのか
おっと、オイラもニワトリにつつかれそうだ

そこを飛《と》び出《だ》し、長いこと歩いて町にたどり着いた
町にも食べ物がなくてお腹《なか》を空《す》かせている子どもがたくさんうろついていた

ところが、ちょっと大きな家に潜《もぐ》り込《こ》むと台所にはごちそうがいっぱい
野菜《やさい》から肉まで何でもそろっている

なんだ、いっぱいあるじゃないか。オッ、ヤバッ

飼《か》い猫《ねこ》に追われて逃《に》げ込《こ》んだのがゴミ捨《す》て場《ば》
と、そこには山のように残飯《ざんぱん》が

なんだ、これは!
村や町には、腹《はら》を空《す》かせている人がたくさんいるっていうのに
残飯《ざんぱん》とはいえここにはおいしそうな食べ物がたくさん捨《す》てられている
あぁあ、人間たちは何を考えているのかわけがわかんないよ
なぜ分けあって食べることができないのかなぁ
悪いけど遠慮《えんりょ》なくいただいちゃいますよっ

食べるものがなくて困《こま》っている人って
どのくらいいるのだろう?
その理由は何だろう?

食べ物があまって捨《す》てられる量《りょう》は、
どのくらいだろう。
そして、その原因《げんいん》は何だろう?

自分たちが作ったり、収穫《しゅうかく》したりしたものを食べる
食料自給率《しょくりょうじきゅうりつ》って何だろう?
足らない分はどこから持ってくるのだろう?

世界で取《と》れる穀物《こくもつ》の1/3(30億《おく》人分の食料と同じ)
が家畜《かちく》の餌《えさ》になっているのはなぜだろう?

食べ物をみんなで分けるように
するにはどうしたらいいのだろう?

足りなきゃ分けろ。分ければ足りる。

▶トラのトラジー

[シンプルライフのヨガ行者]

パンジャブ地方の山奥《やまおく》でヨガ行者《ぎょうじゃ》たちに育てられた。長年にわたる菜食《さいしょく》と修行《しゅぎょう》のおかげで 頭はさえわたり、体も健康《けんこう》そのもの。粗衣粗食《そいそしょく》、シンプルライフを自ら実践《じっせん》するトラジーの提案《ていあん》はとてもストイック。

3 健康と福祉

目標3

あらゆる年代の人が健康で

幸せな生活ができるようにしよう

温泉《おんせん》につかるニホンザル

あぁ、気持ちいい……
かつては鳥やキツネや
鹿《しか》なんかも温泉《おんせん》につかって
傷《きず》をいやしたらしいよ

人間《にんげん》だって病気《びょうき》をするんだろ
でも、病気を治《なお》すいろんな薬があるらしいからな
ところが、お金がないと薬が買えないらしいんだよ
お金があっても医者《いしゃ》がいないと治《なお》せない病気も多いしな

長生きする人間もいるけど、子どものうちに亡《な》くなってしまう人間もいるよ
そう、病気やケガでいろいろな障害《しょうがい》のある人間もたくさんいるよね

ぼくらサルの場合、病気やケガをしたら
体にいい食べ物を探《さが》したり温泉《おんせん》につかって
治《なお》したりすることぐらいしかできないし
それでだめだったら生きてゆくのが難《むずか》しいけど……

人間には、病気やケガで困《こま》っている人を

健康《けんこう》な人が支《ささ》えて守ってゆく社会の仕組みがあるらしいって聞いたよ
そんなことは人間にしかできないね

でもさ、そういう助け合いの仲間《なかま》に入れなくて
苦しんでいる人もたくさんいるらしいんだよ
それに、いろいろな問題があって生きているのがつらくなって
自分から死んでしまう人間もいるらしい
それどころか、同じ人間同士《どうし》で傷《きず》つけあったり
殺《ころ》し合ったりすることまであるんだって

助け合ったり傷《きず》つけあったり、そんな訳《わけ》の分からないことをするのは
人間だけだね。不思議《ふしぎ》だね。悲《かな》しいね

そう言いながら、サルは目をつむるのでした

健康《けんこう》って何だろう？
健康じゃないってどういうことだろう？

体の病気や心の病気、それからケガの
原因って何だろう？　飲み水、空気、
食べ物、感染症《かんせんしょう》、老化《ろうか》？
生まれつきの場合もあるよね

病気を防ぐにはどうしたら
いいのだろう？

人間同士傷つけあう、いじめやけんか、
暴行《ぼうこう》、紛争《ふんそう》、自殺ということもあるね
どうして起きてしまうのだろう？

病気やケガをしたら、おたがいに支え合う
保険制度ってどんなものなんだろう？

体や心が弱った人を皆で支え合うのです

▶ウサギのDr.ラビ

［博識《はくしき》の情報オタク］

ロンドンの金融街《きんゆうがい》でマーケティングの仕事をするDr.ラビは経済《けいざい》博士《はかせ》。大学院を卒業《そつぎょう》した後、職場《しょくば》を2回ほど転職《てんしょく》したエリート。好《す》きな言葉は「知は力なり」。豊富《ほうふ》な知識《ちしき》と分析能力《ぶんせきのうりょく》が自慢《じまん》のデータおたく。

4 質のよい教育

目標 4

だれもが質の高い教育を受けて
一生学べるようにする

葦原《あしはら》の水面《みなも》を
カモの親子が並《なら》んで泳いでいる
カモの親は卵《たまご》をかえしたらすぐに
子ガモの教育を始める

餌《えさ》をみんなで分けあって食べること
一羽《いちわ》で巣《す》から出ると危《あぶ》ないから出てはいけないということ
水に浮《う》いて足漕《あしこ》ぎで動く泳ぎ方
お母《かあ》さんの後を追いかけて縦《たて》に並《なら》んで動くこと
餌《えさ》を見つけて、取って食べること
怖《こわ》い動物がいたらすばやく近くの草むらに隠《かく》れること
そして、飛《と》び方《かた》の練習《れんしゅう》

子ガモたちは、生きてゆくための知識《ちしき》や技術《ぎじゅつ》を
なるべく早く学ばなくちゃならないのよ
そういうことを全部教わっておかないと
冬が終わって、遠くに渡《わた》ってゆくことができないからね

人間は自分で生きてゆけるようになるまでに

15年とか20年くらいかかるらしいわね
そんなに長い間子どもを育てる親も大変《たいへん》ね
でも、そういう余裕《よゆう》のない人たちもたくさんいるらしい

人間の社会って複雑《ふくざつ》そうだから
生きるのにたくさんのことを学ぶ必要《ひつよう》があるらしいけど
本当に学ばなくてはいけないことって何かしら?
人間の子どもも大人も
自分たちが自然《しぜん》の中で生きているっていうことについて
いつでも、いつまでも学べるといいのにね

そう思いながら子ガモの数《かず》を数《かぞ》えてみると、一羽増《いちわふ》えていた

「まあ、いいか」

家族や友人や、身近な人たちから教わることってどんなこと？　それはなんのため？

世界で一番賢《かしこ》い動物って人間なのかな？

学校で教わることってどんなこと？
それはなんのため？

世界には学校に行けない子どもたちがどのくらいいるの？　その理由はなに？
どうしたら学校に行きたい子どもたちがみんなで行けるようになるの？

学校とは別《べつ》に、生きている間
ずっと学びつづけること
学びつづけたいことって
どんなこと？　その訳《わけ》は？

知りたいことがいっぱい
一生学びつづけるわ

▶カンガルーのルーポとジョーイ

[SNS にはまる新米《しんまい》ママ]

シドニーの鉱物《こうぶつ》資源《しげん》輸出《ゆしゅつ》会社で秘書《ひしょ》をしていたルーポ。生後5ヶ月の息子《むすこ》ジョーイから、かたときも目をはなすことができませんがオシャレにも気をぬきません。SNS で「子どもたちのためのエコ」を語り合う毎日。

5 女でも男でも平等に

目標 5

性別を問わず平等に

特に女性や女子が

力を発揮できるようにしよう

ここは南極《なんきょく》

コウテイペンギンのオスが
マイナス60℃の氷の上で
足の甲《こう》に乗せた卵《たまご》に
お腹《なか》の皮をかぶせて温めている

もう2か月近く
何も食べないで立ちっぱなしなんだ
メスは卵《たまご》を産《う》んですぐに遠くの海に
餌《えさ》を取りに行ったよ
3か月ぐらい戻《もど》ってこないんだ

ボクはコウテイペンギンのオスだから
当たり前のことをしているだけだけど
他の種類《しゅるい》のペンギンたちはオスとメスが
代わりばんこに卵《たまご》を抱《だ》いたりしているらしいよ

鳥や動物たちの中には、卵《たまご》や子どもを産《う》むのも育てるのも
メスだけというのもいるようだけど
その代わりオスが餌《えさ》を運んで来たり、家族を敵《てき》から守ったりしているんだ
だいたい、卵や子どもを産むのはメスだけど
オスもメスも協力《きょうりょく》して命をつないで生きてゆく

人間って子を産めるのは女だけれど
そのあとは女も男も協力しながら子を守り
育てて、生きているんでしょ

昔は他の動物と同じように、女だから、男だからと
役割《やくわり》や分担《ぶんたん》が決まっていたらしいけど
今は性別《せいべつ》に関係《かんけい》なく、自分の役割《やくわり》をその個性《こせい》に応《おう》じて決めるらしいね
女も男もみんな同じように勉強《べんきょう》して、自分で自由に仕事を選《えら》んで
協力して生きていくんだって探検隊《たんけんたい》の犬に聞いたよ

でも、本当にそうなっているのかなあ?
南極《なんきょく》に来るくらいの女の人はそうかもしれないけれど
自分のやりたいことを決めたくても決められない
不公平《ふこうへい》はないのかなあ……

ああ、それにしてもお腹《なか》すいたなあ
もうずっと何にも食べてないんだぜ
あと1か月の我慢《がまん》だ、無事《ぶじ》に生まれてくれよ

だれも自分で選んで女や男に生まれたんじゃない

▶タヌキのタック

［まじめで礼儀正《れいぎただ》しい好青年《こうせいねん》］

東京の大学ではコミュニケーションを専攻《せんこう》。卒業《そつぎょう》後、人材派遣《じんざいはけん》会社に就職《しゅうしょく》したが、仕事の内容に興味《きょうみ》が持てないまま２年で退職《たいしょく》。現在は福祉《ふくし》関係の NPO でアルバイトをしながら自分探《さが》しをしている。

オスもメスも交代で卵《たまご》を温める燕《つばめ》、口の中で卵をかえす魚の雄《おす》、自分の子どもでなくとも面倒《めんどう》を見るカモ、着飾《きかざ》ってダンスを踊《おど》る鳥の雄《おす》など、動物の雄と雌《めす》の体や行動《こうどう》の違《ちが》いと、役割《やくわり》ってどうしてあるんだろう？

女と男とどっちが強くて、どっちが偉《えら》くて、どっちが優《すぐ》れているかとか、どっちが仕事ができるかなんてだれが決められるんだろう？　関係《かんけい》ないよね？

見た目やしゃべり方や考え方とかが女らしいとか、男らしいとかって関係なくない？

人が人に興味《きょうみ》を持ったり、好《す》きになったり一緒《いっしょ》に居《い》たりするのに女や男は関係ないよね？

人間はなぜ牛乳《ぎゅうにゅう》や鶏卵《けいらん》、たらこやイクラとか雌のものばかり食べるの？

6 きれいな水と衛生を

目標6

だれでも水が手に入って

衛生的な暮らしができるようにしよう

金魚《きんぎょ》のリュウキンが
きれいな水槽《すいそう》の中でひらひらと
楽しそうに泳いでいる

わたしたち金魚は人間がペットにするために
長い年月《ねんげつ》をかけて品種改良《ひんしゅかいりょう》してきたもの

だから、生まれた時からこうやって
水槽で飼《か》われていても
不自由《ふじゆう》だとは思わないの

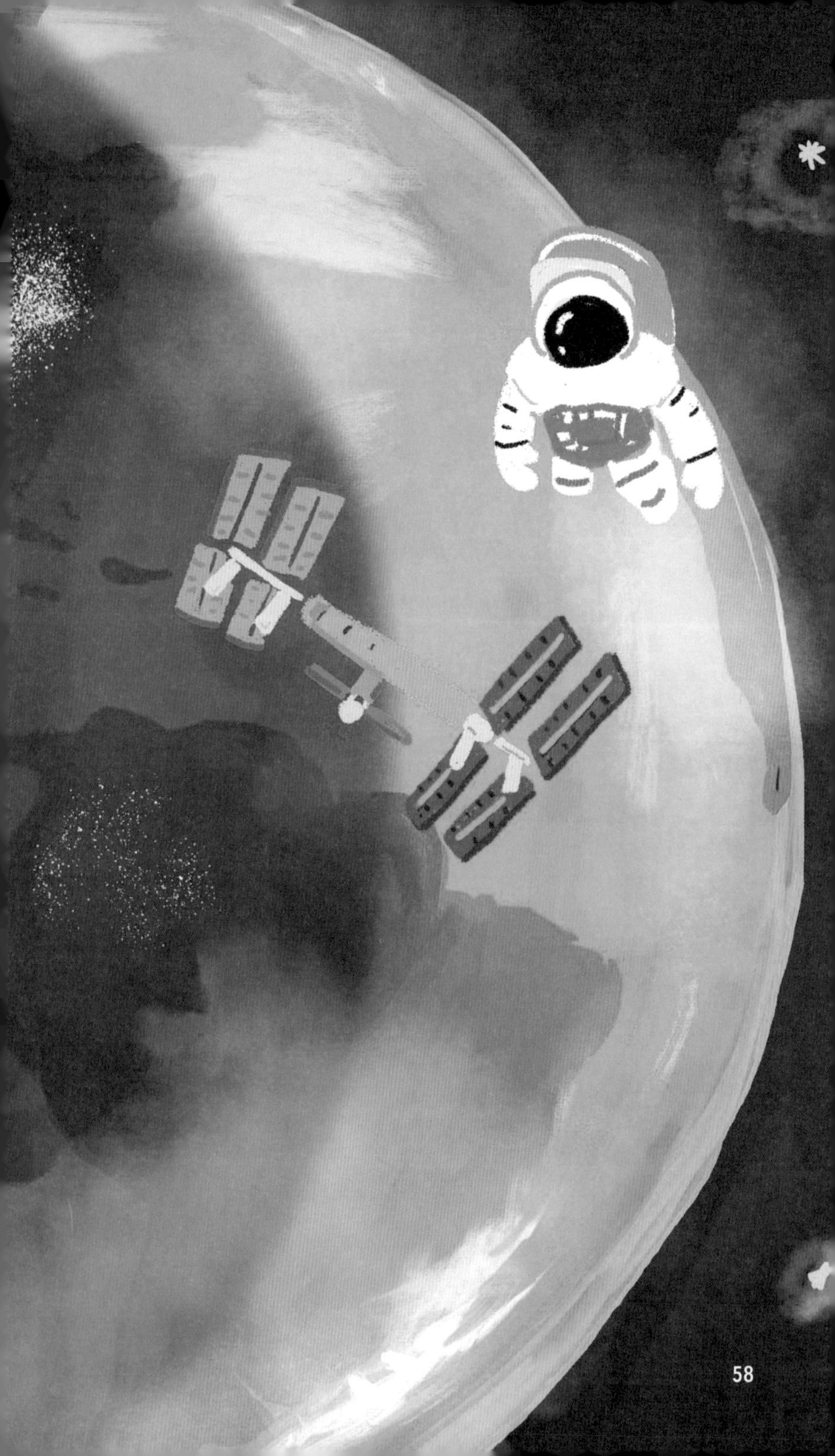

でも、水槽《すいそう》の水が少なくなったり、無《な》くなったり
汚《よご》れてしまったら生きてゆけない……
ましてや、飼《か》い主《ぬし》が餌《えさ》をくれなければ死んじゃうっ！
だから信用《しんよう》するしかないのよね

この水槽はわたしたちにとって小さな地球みたいなもの
地球は自然《しぜん》の仕組《しく》みのなかで動物や植物がすべてお互《たが》いにおぎないあって
生きているんだけど、そこに水が足らなかったり
汚《よご》れていたりしたらだれも生きてゆけないわ

ところが今、地球は自然の仕組みが変《か》わってきちゃって
生きものが使える水が少なくなっているんでしょ

しかも、その少ない水を

人間が工業や農業や生活の排水《はいすい》で汚《よご》してしまうから
動物も植物も大変《たいへん》らしいわね
水が枯《か》れたら植物も枯れるし
その植物を食べる動物も生きてゆけない
やっと見つけた飲み水が汚れていたら
動物も人も病気になってしまう

水は命《いのち》の源《みなもと》なの
きれいな水がすべての生きものに必《かなら》ず行《ゆ》き届《とど》かなければならないから
それを自分勝手《じぶんかって》に商品に変《か》えてお金を稼《かせ》いじゃいけないでしょ
もちろん汚《よご》すなんてもってのほか
水はだれのものでもない。全《すべ》ての動植物《どうしょくぶつ》で分け合う、みんなのものよ

そう言って、可愛《かわい》いあぶくをプクっと吹《ふ》いた

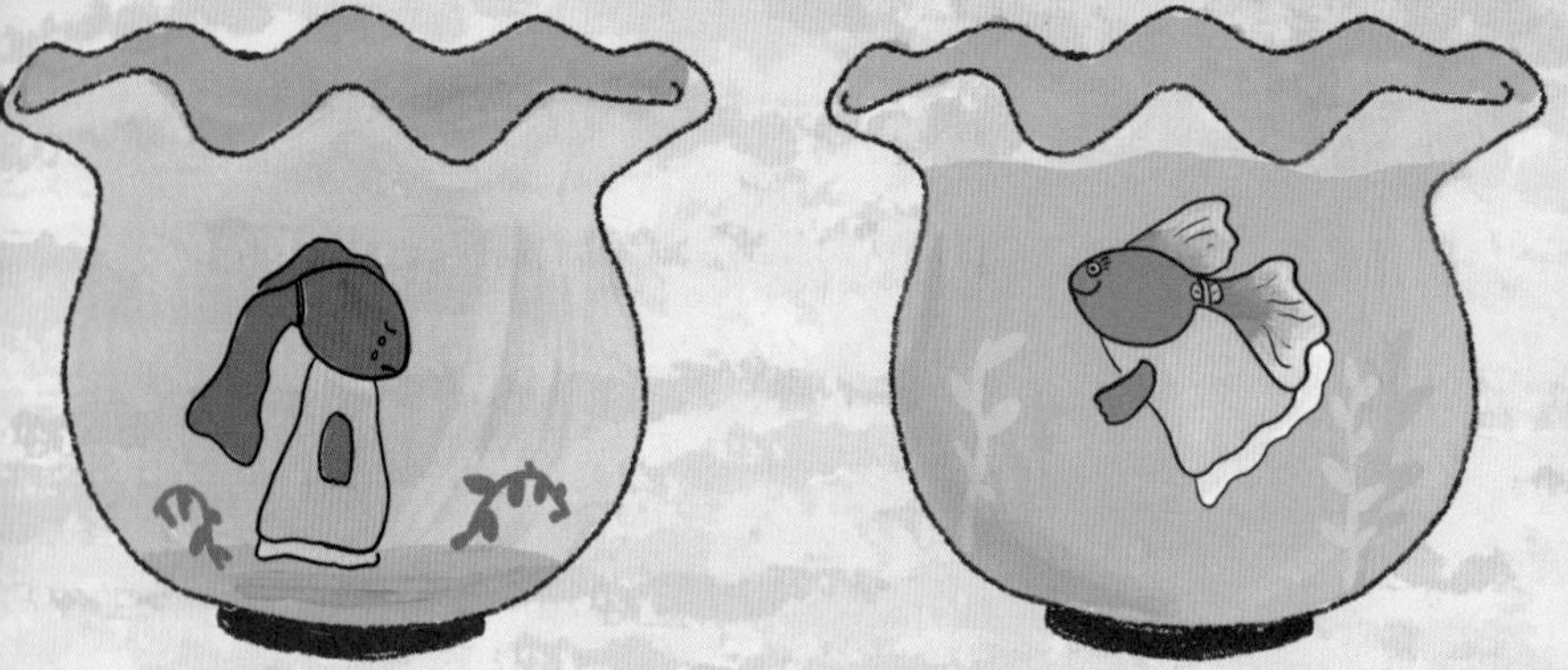

水は生命《せいめい》のもと。動植物が水なしでは生きられないのはなぜだろう？

気候変動《きこうへんどう》で、使える水が減《へ》って動植物が生きられなくなったり、逆《ぎゃく》に洪水《こうずい》とかで被害《ひがい》が出たりするのはなぜだろう？

地球上にはどれくらいの水があるのだろう？
そのうち、動植物《どうしょくぶつ》が生きていくのに使える水の割合《わりあい》ってどのくらいだろうか？

人間のくらしや産業《さんぎょう》にたくさんの水を使うのはなぜ？
それによって水が汚《よご》れるのはなぜ？
それでどういう問題が起きているのだろう？

だれもが生きるのに必要《ひつよう》な水を、お金で売ってもよいのだろうか？　だれかが独《ひと》り占《じ》めしたら、お金がなければ水が飲めなくて生きていけなくなるよね

水はみんなのものだけど だれのものでもない

▶金魚のリュリュ
［友だちはメダカと金魚藻《きんぎょも》だけ］

ちょうどいい温度のきれいな水とご飯《はん》があればそれで満足《まんぞく》という生き方。長いことずっと一人で家に引きこもって生きている。でも家の中からだって仲間《なかま》の魚たちとは交信《こうしん》できるし、マインドはフルネス。

7 きれいなエネルギーが手に入る

目標 7

だれでも近代的で安心できるエネルギーが

いつでも、いつまでも手に入るようにしよう

冷《つめ》たい海に住むシャチが
ダイナミックにジャンプしながら
つぶやいている

最近《さいきん》このあたりの海に次々に建《た》てられている
この大きな羽根《はね》を持った巨大《きょだい》な塔《とう》は何だろう

ダチで物知《ものし》りのクジラによると
海に吹《ふ》く強い風で
その大きな羽根《はね》を回して
電気を作るんだってよ

オレたちは自分の筋肉《きんにく》だけで海の中をいくらでも泳ぎつづけられるけど
人間の文明社会っていうのは何をするにもエネルギーが必要《ひつよう》なんだそうだよ
だからって、石油や石炭や天然《てんねん》ガスを遠くから運んで、燃《も》やして電気を作れば
温室効果《おんしつこうか》ガスがたくさん出て、気温《きおん》や海水温《かいすいおん》が高くなって
オレたちが住める冷《つめ》たい海はどんどんなくなっていく

原子力発電《げんしりょくはつでん》とかで溜《たま》まった危険《きけん》なごみの捨《す》て場《ば》に困《こま》って、海にでも流されたら
それこそ生きていられなくなる
それに比《くら》べりゃ、風や太陽の光をエネルギーに変《か》えることができれば
ずっときれいで安全ってことだ

でも、ちょっと待てよ
本当にそんなにたくさんのエネルギーがなければ
人間たちは生きてゆけないのかな

ものすごく速く走る車や
列車や飛行機《ひこうき》がなくっても
オレたちみたいに楽しく暮らせる方法《ほうほう》はないのかなあ？

昔《むかし》はあいつらも歩いたり、馬に乗ったり
帆船《はんせん》で海を渡《わた》ったりするくらいで問題なく生活できていたみたいなのに
料理《りょうり》をするにも温まるにも薪《たきぎ》や炭で十分だったし
そうしていれば温暖化《おんだんか》なんて起きなかったはずだ

きっとあの頃《ころ》の知恵《ちえ》とか技《わざ》の方が今より進んでいたんだと思うよ
まだまだ勉強不足《ぶそく》だな

シャチはそう言って、その筋力《きんりょく》で思いきりジャンプをして見せた

きれいなエネルギーで
クールに生きてみよう

▶パンダのダダ

[ソーシャルベンチャーの社長]

テクノロジーの力をかりて世界の不平等《ふびょうどう》・不公平《ふこうへい》を解決《かいけつ》するための会社を立ち上げた。幼少期《ようしょうき》に鍛《きた》えられた不屈《ふくつ》のメンタルと研《と》ぎ澄《す》まされた交渉力《こうしょうりょく》で世界中を飛《と》び回《まわ》って活動している。

人間が使うエネルギーがどんどん増えているのはなぜ？　何のため？

水力や太陽光や風力など
再生可能《さいせいかのう》エネルギーって本当にいいの？
問題点があるとしたらなんだろう？

石油、石炭、天然《てんねん》ガスなどの地下資源《しげん》を燃《も》やしたり
それらを使って発電する電気は地球資源をどんどん使ってしまうし
温室効果《こうか》ガスをたくさん出すよね
原子力発電は危険《きけん》だし、核《かく》のごみの捨《す》て場《ば》がないよね

エネルギーが使えなくて苦労《くろう》している人たちにも、必要《ひつよう》なエネルギーが行《い》き渡《わた》るようにするにはどうしたらいいのだろう？

他の動物みたいに、自分の体力以外《いがい》のエネルギーをたくさん使わなくても楽しく暮《く》らせるライフスタイルってないのかな？

8 やりがいのある仕事と経済成長

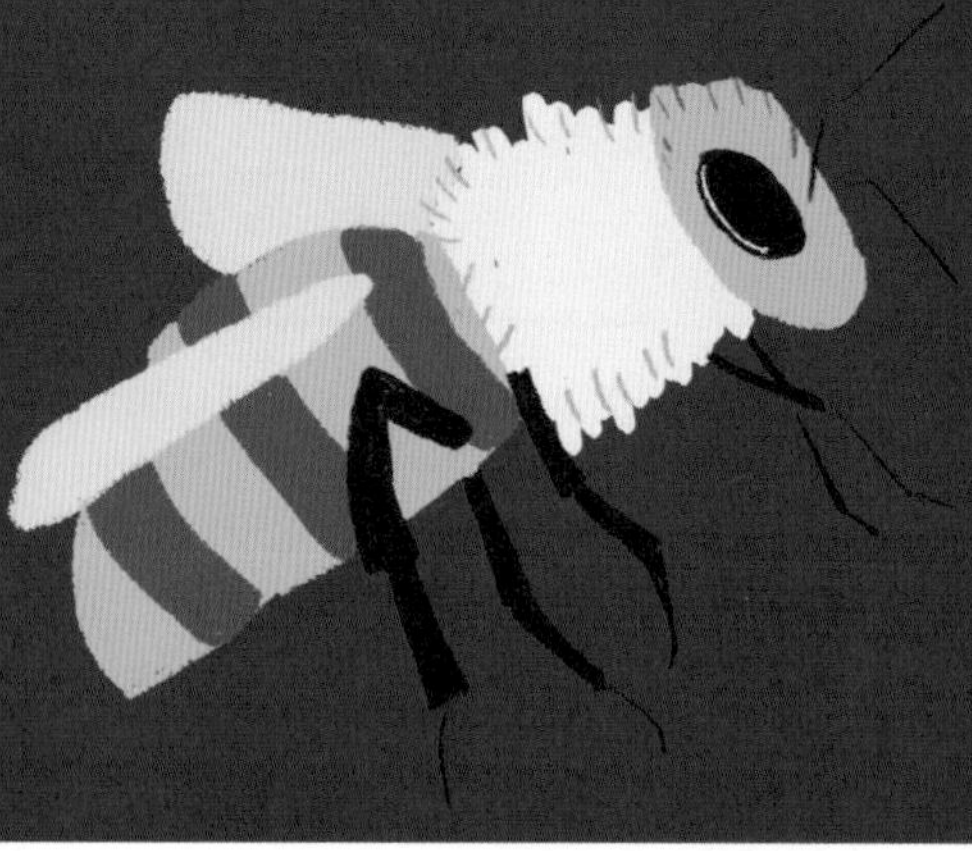

目標8

みんなのために経済成長がつづいて
だれもが仕事に就けるようにしよう

花が咲《さ》き乱《みだ》れる草原を
ミツバチが忙《いそが》しそうに飛《と》び回《まわ》っている

「仕事」と言ったらわたしたちかしら
春になって
だんだん暖《あたた》かくなって
日の出が早くなり
日没《にちぼつ》が遅《おそ》くなると
花が咲き時《どき》を知って
一斉《いっせい》に花びらを開くでしょ

そうなると
わたしたちの出番《でばん》なの

仲間《なかま》たちと手分けして、できたての蜜《みつ》を集めてまわり
日が暮《く》れる前に巣《す》に戻《もど》って六角形の美《うつく》しい部屋に甘《あま》い蜜《みつ》をたっぷりため込《こ》むわけ
その緻密《ちみつ》なデザインのハチの巣《す》を作ったのもわたしたちだから
建築《けんちく》だってお手のものなのよ

何のためにそんなに手の込《こ》んだ巣《す》をつくってたくさんの蜜《みつ》を集めるのかって？
女王バチが産《う》んだ卵《たまご》を大事に寝《ね》かせて子どもを育てるため
間違《まちが》ってても人間がパンケーキにかける
ハチミツを提供《ていきょう》するために働《はたら》いている訳《わけ》じゃないの

まあ、自分たちが生きてゆくために必要《ひつよう》なものを作ったり
食料《しょくりょう》を手に入れたりする仕事だから
人間が生活のために毎日仕事するのと同じようなものかもしれないけど
はるかに美しく効率《こうりつ》がいいんじゃないかしら

でも、実はそれだけじゃないの
花から蜜《みつ》をもらう代わりに花の花粉《かふん》を運んであげているの
それで、花にとっては受粉《じゅふん》ができるというわけ

自然界《しぜんかい》では、こうやって「お互《たが》いさま」の仕組《しく》みが
営《いとな》まれているってことね
本当によくできていると思うわ
人間もこういうやりがいのある仕事をやってもらいたいわね

まあ、せっかく集めたものを人間や熊《くま》に横取《よこど》りされるのはたまらないけど
それでも自然《しぜん》のためになる誇《ほこ》りある仕事ってことかしら

そう言いながらも休まずに、仲間《なかま》に蜜のありかを伝《つた》えるため
セッセ、セッセと8の字を描いていた

どうせなら、やりがいのある仕事ができるといい

▶ハリネズミのハリィ

[知的《ちてき》だが少し理屈《りくつ》っぽい]

ベルリンの光学機器《きき》メーカーに勤務《きんむ》。自然をこよなく愛《あい》し、常にものごとを論理《ろんり》的《てき》、効率的《こうりつてき》に考える。環境《かんきょう》先進国といわれるドイツを誇《ほこ》りに思っていて、環境に配慮《はいりょ》した質素《しっそ》な生活を送っている。

自分や自分の仲間《なかま》たちにとってばかりじゃなく
他のみんなにとってもいいことがあって
自然《しぜん》を守るためにも役立つ仕事って何だろう？

自分にとっては得《とく》になるけど
他の人や動物や社会や自然《しぜん》に被害《ひがい》を与えたり
迷惑《めいわく》だったりする仕事って
どうやったら分かるのだろう？

無理《むり》やり働かせたり、働かされたり
やりたくないことをさせたり、させられたり
そういう仕事をなくすためには
どうしたらよいのだろうか？

仕事がない人にも仕事を分ける
にはどうすればよいのだろう？

9 産業と革新と社会基盤

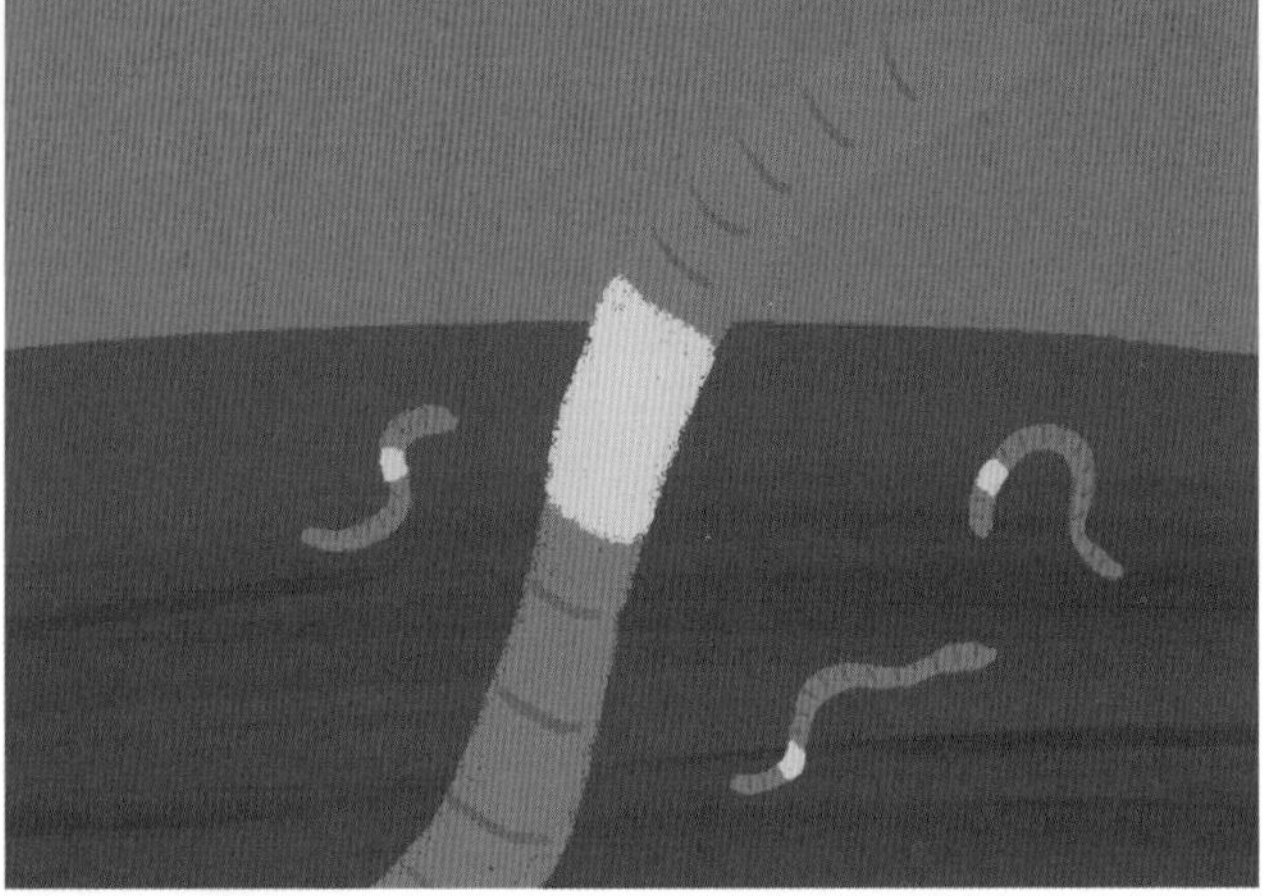

目標9

しっかりした社会の基礎を作って

長つづきする産業と革新する力を育てよう

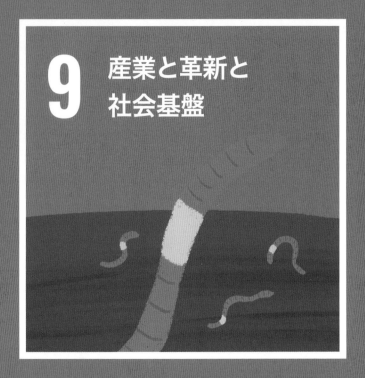

黒いふかふかの土の中で
ミミズが忙《いそが》しそうに動いている

わたしは目もないし手足もないから
愛嬌《あいきょう》がないって嫌《きら》われるけど
そんなことは気にしない

何しろ
ふだん外から見えないところでずっと
働きどおしなんですからね

人間社会でも、生活で必要《ひつよう》な食べ物や衣服《いふく》や住まいなどいろんなものを
作って、配って、売って、使って、手入れして
そして使い終わった後はきちんと処理《しょり》してまた使えるように
リサイクルするっていう仕組《しく》みがありますよね
でもそれって、よほどしっかりした仕組みがないと回っていかないです

実は、その仕組みを作って、動かしていくには
優《すぐ》れた技術《ぎじゅつ》と強い力が必要《ひつよう》なんですよ
まあ、われわれミミズはその大切な仕組みづくりみたいなことを
自然界《しぜんかい》で担《にな》っているのです。硬《かた》くて重たい土の中でわれわれが動き回って
土をかき混《ま》ぜ、栄養豊《えいようゆた》かなふかふかの土にしています

そのためにはこういう細長くて柔《やわ》らかくて
バネのように動くシンプルな体が適《てき》しているのです

しかも、わたしたちは人間には真似《まね》ができないような
化学的《かがくてき》な技術《ぎじゅつ》を持っているのです
つまり、いろいろな酵素《こうそ》を使って落ち葉や死んだ動物や枯《か》れた植物を分解《ぶんかい》して
土に戻《もど》しています。そうすることで植物の新しい根っこが育ち
葉っぱや花や種《たね》や実がなってそれを虫たちが食べ、たくさん育ってゆくのです

土の中というものは、あらゆるものが作り出される工場のようなもので
そのための材料《ざいりょう》がほとんどそろっているのです
あとは土から出て太陽の光と空気と水があれば全部が完成《かんせい》します
そして、やがてまたすべてが土に返ってくるのです

わたしたちミミズには、生命《せいめい》の仕組みを支《ささ》える
大切な仕事をしている誇《ほこ》りがあるのです
さて、もう仕事に戻《もど》っていいですかね

良い土壌には美しい花が咲き甘い実がなる

▶クマのターニャ

[ナルシストの元オペラ歌手]

世界遺産《いさん》の街《まち》サンクトペテルブルグで古美術《こびじゅつ》商《しょう》を営む。子どものころから美術館《びじゅつかん》や宮殿《きゅうでん》に足しげく通って審美眼《しんびがん》を鍛《きた》えた。オペラ歌手引退《いんたい》後は、若い人たちに芸術《げいじゅつ》の素《す》晴《は》らしさをボランティアで伝《つた》えている。

インフラストラクチャーって何だろう？
基本的《きほんてき》な仕組《しく》みの事らしいけど普段《ふだん》は目に見えないことがらもたくさんあるらしい

イノベーションって何だろう？
科学や技術《ぎじゅつ》が発達《はったつ》することらしいけどこれも見えないことが多いよね

レジリエントって何だろう？

傷《きず》ついたり壊《こわ》れたりしても、元に戻《もど》ることができるそういう力があることらしい。これも普段《ふだん》は見えないよね

物事が普段《ふだん》からちゃんと動いていて安心していられる仕組みづくりは大切な仕事だね

世界がきちんと動いていられるための自然《しぜん》の仕組みって何だろう？

10 不平等を減らす

目標 10

国の中でも、国と国の間でも

不平等を少なくしよう

クロネコが池で捕《つか》まえてきた
小さなコイを飼《か》い主《ぬし》の枕元《まくらもと》に
お土産《みやげ》として置《お》き、得意《とくい》そうな顔をしている

ほら、獲《と》ってきたよ
すごいでしょ
あたしだってちゃんと狩《か》りができるんだから

あたし、毎日ご飯《はん》食べさせてもらっていて
今はお腹《なか》すいてないから
このコイ食べてもいいわよ

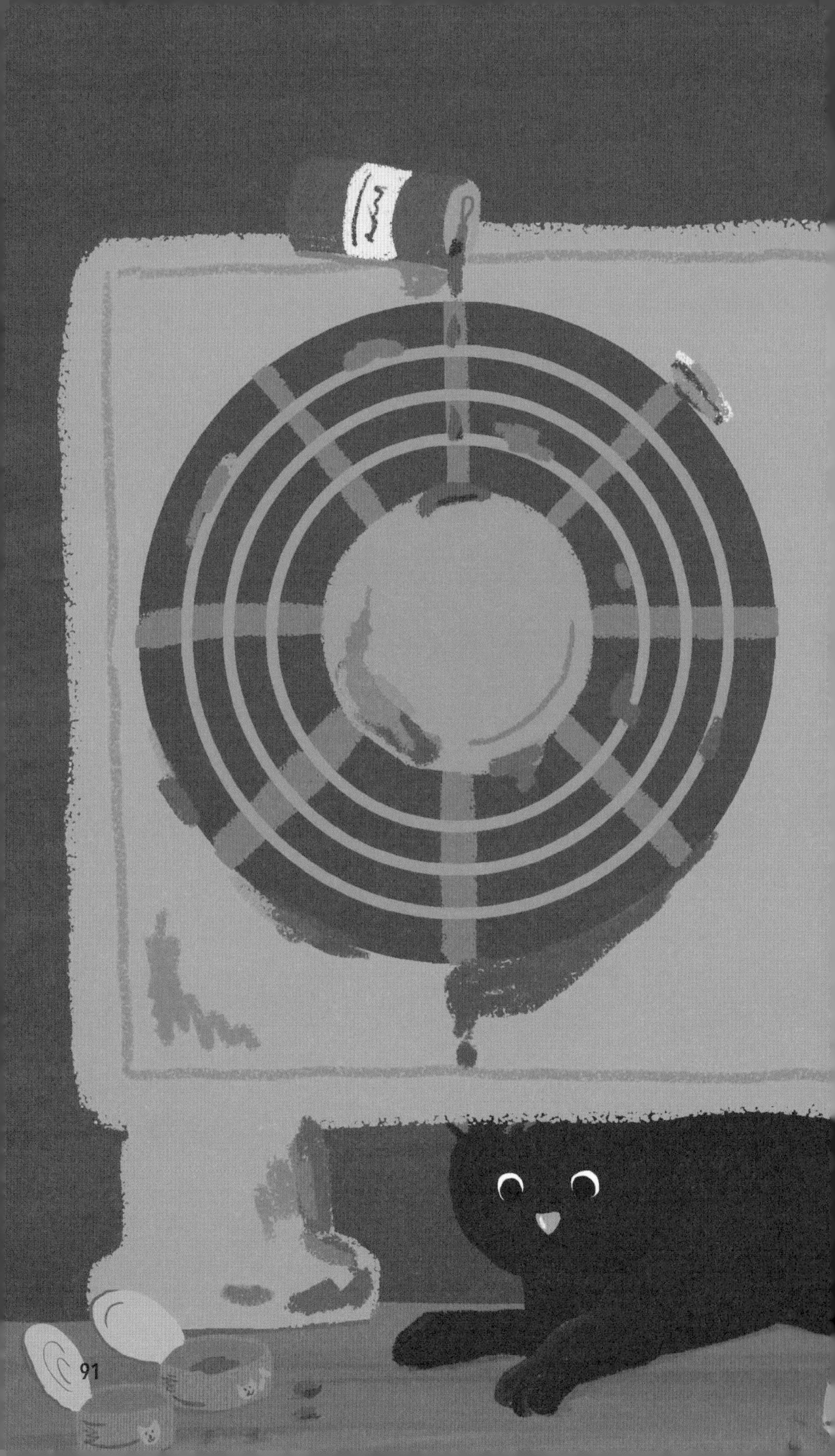

そうね、野良猫《のらねこ》だった時はずいぶんひどい目にあったものよ
何も食べるものがなくって、お腹《なか》スキスキでフラフラになって歩いてたら
目の前に魚がたくさん並《なら》んでたので
ヤッター！　とうれしくなって一匹《いっぴき》くわえようとしたら、とたんに
「ドロボーっ！」って棒《ぼう》でたたかれたわ

それで、スーッと伸《の》びてた自慢《じまん》の尻尾《しっぽ》が曲がっちゃってがっかりしてたんだけど
そのあと今の飼《か》い主《ぬし》さんが現《あらわ》れて
「尻尾の曲がったクロネコはカギ猫《ねこ》って言って縁起《えんぎ》がいい」と喜《よろこ》んでくれて
今じゃ、毎日、ご飯《はん》にありつけるようになったの。感謝《かんしゃ》してるわ

でもさぁ、あの頃の野良猫仲間《なかま》は、今でも犬に追いかけられ水をかけられ
ごみ箱《ばこ》をあさっていまだに大変《たいへん》な暮《く》らしをつづけているのかしら
あたしはご飯もいただけるし、ふわふわのクッションに寝そべって

思う存分《ぞんぶん》、日向《ひなた》ぼっこができる

人間も、たくさんお金を稼《かせ》いだり高いお給料《きゅうりょう》もらったりして
ぜいたくな暮《く》らしをしている人もいるけど
体が弱かったり、いい仕事につけなかったりといろんな事情《じじょう》で
不自由《ふじゆう》で不安《ふあん》な日々を過《す》ごしている人たちもいるのよね

不平等《ふびょうどう》って、良《よ》い方と悪《わる》い方の両方経験《りょうほうけいけん》してみないと
分からないのかもしれないわね
強《つよ》い立場《たちば》にいる者が弱《よわ》い立場にいる者たちのことを
考えて動かないと何も変《か》わらないね

やっぱり、このコイは野良《のら》の子猫《こねこ》たちにあげることにしようっと

おこづかいのない子とお金持ちの子に、
高いおもちゃの割引券《わりびきけん》を平等に配ったら
公平だろうか？
不平等《ふびょうどう》と不公平《ふこうへい》とは何が違《ちが》うんだろう？

社会的《しゃかいてき》な差別《さべつ》って何だろう？
人種《じんしゅ》や宗教《しゅうきょう》や考え方や、そのほか
どんな差別《さべつ》があるんだろう？

格差《かくさ》ってなぜ生まれるんだろう？
どうして貧《まず》しい国と豊《ゆた》かな国が
あるんだろう？

生きていけないような社会から逃《に》げてくる
移民《いみん》を受け入れるためにはどうしたらいい
のだろう？

いじめや差別《さべつ》や不公平《ふこうへい》ってどうやって
なくせばいいのだろうか？

不公平は思いやりがなければ見えてこない

▶のら猫のクロッチ

[通りがかりの野良猫《のらねこ》]

とある住宅街《じゅうたくち》をネジロにする野良猫。目ヂカラが強く、すばしっこいクロッチ。実は見た目とはうらはらに、子猫《こねこ》や年老《としお》いた猫たちへの面倒見《めんどうみ》のいい心優《こころやさ》しい猫。動物かんきょう会議ではナビゲーター役として活躍《かつやく》。

11 長く住みつづけられる町や社会

目標 11

すべての人のために安全で、こわれにくく
いつまでも住みつづけられる町をつくろう

ねぐらに帰る一羽《いちわ》のカラスが
町を見渡《みわた》しながら
カーと鳴いた

ある神話《しんわ》によると
オレさまが森をつくり
人をはじめあらゆる生きものを住まわせたと
いうことらしい

さぁて、今日一日
この町には何も問題はなかったかな

あの川沿《かわぞ》いのスラムにある家は今にも崩《くず》れそうだな
あっちの古いアパートは大きな地震《じしん》が来たら持ちそうもないな
火事《かじ》でも起きたらどうするんだろう

あ、いつもの幼《おさな》い姉弟《きょうだい》が学校から家に帰るところだ
あの子たちが渡《わた》ろうとしている橋はこの前の洪水《こうずい》でぐらぐらになったままだが
直してないようだ。気をつけろよ

あの車イスのお年寄《としよ》りは病院の帰りのようだな
車イスで乗れるバスがあればいいのに
車イスで自動車がビュンビュン行《い》き交《か》う道を横切《よこぎ》るのは命がけだな
自動車は便利《べんり》かもしれないけど、どうもちぐはぐだな

おや？　あそこの空き地は相変《あいか》わらず、ひどいごみの山だ

オレにとっちゃ、たまにごちそうにありつける宝《たから》の山だが
あのままじゃ腐敗《ふはい》するし不衛生《ふえいせい》きわまりない
まだまだいろいろ問題がありそうだな

せいぜいがんばって住みやすい町をつくりな
でも、山の向こうの都会みたいにガラスとコンクリートばかりの
冷《つめ》たい町にはしないでくれよ

このあいだ行ったときには羽根《はね》を休めるところもなくって困《こま》ったよ
少しは公園や緑地《りょくち》を残《のこ》しておいて
小腹《こばら》が減《へ》ったときに柿《かき》ぐらいつつけるとありがたいな

おお、もういい色の夕焼《ゆうや》け空だ
寝心地《ねごこち》のいい我《わ》が家《や》まであとちょっとだ

安心して住める居心地の良い町をつくろう

▶ビーバーのイーヴァ

[変《か》わり者のアーティスト]

川の流れをせき止めてダムを作り、その内部にすみかを作る自らの習性《しゅうせい》を進化させた環境《かんきょう》インスタレーションの旗手《きしゅ》。川をせき止めて創《つく》った池は、多くの生きものたちに大きな恩恵《おんけい》をあたえている。

安全で安心して住むことができる、
住みやすい町ってどんな町だろう？

幼児《ようじ》から高齢者《こうれいしゃ》まで、病気や障害《しょうがい》があっても、外国から移住《いじゅう》してきた人でも安心して住めるユニバーサルデザインの町づくりって何だろう？

都市《とし》に人が集中すると、にぎやかで楽しくて便利《べんり》になるけど、犯罪《はんざい》が増《ふ》えたりスラムができたり、そのほかどういう問題が起きるのだろう？

ちょうどいい大きさの町ってどのくらいだろう？
不便《ふべん》ではないけど、大きすぎないで、自然《しぜん》もあって
散歩《さんぽ》するのにちょうどいい町かな？

町に住む人が少なくなると、静《しず》かで自然《しぜん》が豊《ゆた》かになるけど、さみしくなったり不便《ふべん》になったり、そのほかどういう問題が起きるのだろう？

12 使う責任 作る責任

目標 12

環境や社会に対する責任をもって

使いつづけ　作りつづけることが

できるようにしよう

ウミガメがいつもの砂浜《すなはま》で
卵《たまご》を産《う》むために
陸《りく》を目指《めざ》してゆっくりと泳いでいる

この浜《はま》で卵を産むのは
今回で何度目かしら
よく知っている砂浜のはずなのに
だいぶようすが違《ちが》うわね

ずいぶん狭《せま》くなったみたい
周りに防潮堤《ぼうちょうてい》ができたせいかしら
それにずいぶん汚《よご》れているし……

爆米花
おいしい
POTA

SAVE OUR PLANET!

まえは、貝殻《かいがら》や流木《りゅうぼく》や海藻《かいそう》があるくらいだったのに
やたらにごみが目立《めだ》って。それも、プラスチックのごみが増《ふ》えているわ

最近《さいきん》やたらに増《ふ》えたプラごみは本当に厄介者《やっかいもの》で
いつまでたっても消えてなくならない
人間がそのあたりにポイと捨《す》てるのだろうけれど
遠くで捨てられたごみが川に運ばれて海に流《なが》れ込《こ》んでいるものも多い
浜《はま》に残《のこ》されたプラごみは時間が経《た》つと細かくくだけて
小さな粒《つぶ》のようになって海に漂《ただよ》うから
魚たちは知らず知らずのうちに飲《の》み込《こ》んで病気になったり
死んでしまったりするのよね

人間はどうしてそんなものをたくさん作ってしまうのかしら
たくさん売れるから？

みんなが買うのはどうして？
きっと便利《べんり》だからなんでしょうね
でも、それがごみになって川や海まで汚《よご》して動物たちを苦しめているの
何とかすればいいのに、それができないのはなぜ？

そういえば、隣《となり》の浜《はま》はいつの間にか埋《う》め立《た》てられて消えてしまったけれど
あれはすべてごみを燃《も》やした灰《はい》がたまったからって物知《ものし》りのオスから聞いたわ

プラスチック以外《いがい》にものすごい量《りょう》のごみが出るのね
みんな貴重《きちょう》な材料《ざいりょう》から作られたものだったのに
ここで産《う》まれた子亀《こがめ》たちがやがて卵《たまご》を産みに戻って来るまで
この砂浜《すなはま》が残《のこ》っているといいのだけど

心細《こころぼそ》い思いで卵を産むウミガメの眼《め》から涙《なみだ》が流れた

責任を持って作り
責任を持って使うべし

▶イグアナのイーグとガーラ
［発明家の仲良《なかよ》し双子《ふたご》］

ピンクイグアナの兄イーグは、過酷《かこく》な環境《かんきょう》の中でたくましく生きぬくサボテンに、恐竜《きょうりゅう》を先祖《せんぞ》にもつ爬虫類《はちゅうるい》のイメージを重ね研究を深めていくうちに会話ができるようになる。弟のガーラはサボテンの食品加工《かこう》の仕事をしている。

海洋プラスチックとかのごみ問題ってどうして起きるんだろう？
なるべくごみを出さないようにするにはどうすればいいの？

材料《ざいりょう》や作り方やエネルギーや使った後の処理《しょり》やリサイクルまで、自然環境《しぜんかんきょう》のことを考えて製品《せいひん》を作るエコデザインってなんだろう？

Reduce（リデュース＝材料《ざいりょう》を少なくする）
Reuse（リユース＝再利用《さいりよう》）
Recycle（リサイクル＝再生《さいせい》）の
3R（スリーアール）ってなんだろう？

SDGs の全ての目標《もくひょう》に反することなく、
自然環境《しぜんかんきょう》にも人の生き方にも気を配る
サステナブルデザインってなんだろう？

ものの最初《さいしょ》から最後《さいご》まで責任《せきにん》を持って
使うエシカル消費《しょうひ》ってなんだろう？

13 気候変動対策

目標 13

気候が変わって、これ以上悪い影響が
出ないように早く行動しよう

広大な放牧場《ほうぼくじょう》で
牛がゆっくり
草を食べている

あっちでもこっちでも
見渡《みわた》すかぎりの草原で
牛たちが黙々《もくもく》と

12
23
39
4
4

13
13

今日も天気がいいし、そよ風が気持ちいいから
いつもの牧草《ぼくそう》がとくべつ美味《おい》しく感じるな

そういえば、昨日《きのう》カウボーイを乗せている馬から気になる話を聞いたんだ
最近《さいきん》、人間は地球の気温がかなりあったかくなって
気候《きこう》が変《か》わって環境《かんきょう》が悪くなっていると騒《さわ》いでいるらしいって
その馬は、そんなこと自分たちには関係《かんけい》ないと思っていたらしいんだけれど
オレはちょっと気になったんだ

なんせ、世界中にはオレたちみたいな牛たちが何億頭《なんおくとう》もいるらしいのだけど
そこに馬や羊や豚《ぶた》やニワトリや、そのほか人間が飼《か》っている家畜《かちく》を全部集めると
その数は人間よりはるかに多いんだって。それが皆《みな》でゲップやおならをすると
出てくるCO2やメタンガスが地球を暖《あたた》めてしまって
海の温度が上がって北極《ほっきょく》や南極《なんきょく》の氷が溶《と》けたり大雨が降《ふ》ったり

逆《ぎゃく》に雨が降らなくなって草や木が枯《か》れて砂漠《さばく》になってしまったり大変《たいへん》なんだって
おまけに、オレら放牧《ほうぼく》の牛はたくさん草を食べるからって
森の木を伐《き》って牧草地《ぼくそうち》にしなきゃならないから
ますますCO2が増《ふ》えるんだってさ

でもさ、オレらは好《す》き好《この》んで人間に飼《か》われているわけじゃないし
草や飼料《しりょう》をたくさん食べて大きくなるとどこかに連《つ》れていかれて殺《ころ》されて
肉《にく》にされて人間に食べられてしまうんだぜ
そのあとに人間がどんなに困《こま》ろうと
そんなことオレらの知ったことじゃないだろう。そんなに困るなら
人間がむやみやたらに肉を食《く》うのをやめればいいだけの話さ

オレたちゃ、人間に食われるために生きているんだぜ、ばかばかしい
ああ、せっかくの草がまずくなっちゃったじゃないか

人間は肉を食うな

▶ワニのワニール

[アマゾンを愛《あい》する熱血漢《ねっけつかん》]

故郷《こきょう》のアマゾンを大規模《だいきぼ》森林伐採《ばっさい》で失い、一家総出《そうで》で街《まち》に仕事を求《もと》めてやってきた。正義感《せいぎかん》が強く、不正《ふせい》や嘘《うそ》は見逃《みのが》せない潔癖《けつぺき》な性分《しょうぶん》で、一度頭に血がのぼるとおさえきれずに感情《かんじょう》を爆発《ばくはつ》させてしまう。

気候変動《きこうへんどう》って何が変動《へんどう》するんだろう？

気候変動の原因《げんいん》は温室効果《こうか》ガスなの？
温室効果ガスってどんなものがあるのかな？
それはどうして出てくるの？
それでどうして温暖化《おんだんか》が起きるの？
温暖化はどのくらい進んでいるんだろう？

気候変動が進むと
どういう困《こま》ったことがおきるのだろう？

家畜《かちく》が出す温室効果《こうか》ガスの割合《わりあい》は
自動車や列車や飛行機《ひこうき》から出される量《りょう》と同じ
牧草地《ぼくそうち》のために森を切り開いてしまうからますます温暖化《おんだんか》が進む
人はなぜそんなにたくさんの肉を食べるのだろうか？

気候変動を止めるためには
何をしたらいいのだろうか？

14 水中の生きもの

目標 14

広い海や海の資源を保護して

大切に使いつづけよう

ハイイロアザラシの群《む》れが
浜辺《はまべ》いっぱいに集まっている

今まさに子を産《う》んでいる母親《ははおや》
生まれたばかりで
お母《かあ》さんのオッパイを探《さが》す子ども
海に入って餌《えさ》をとって戻《もど》ってくる母親と
そのお母《かあ》さんを探《さが》して鳴く子ども

もう、大騒《おおさわ》ぎ
母親アザラシが嘆《なげ》いている

どうしてこんなに混雑《こんざつ》してしまうのかしら？
最近《さいきん》まで子を産《う》む時期は、このあたりの海には一面に厚《あつ》い氷が張《は》りつめていたから
氷の上で子どもを産んで育てることができたのに

他のアザラシのことは気にせずにゆったりと子を産んでお乳《ちち》をあげて
わたしも食事をしに海に潜《もぐ》って戻《もど》ってきても
わが子を探《さが》しまわったりしなくてもよかったわ
餌《えさ》だって氷の下に潜《もぐ》れば魚がいくらでもいたから
子どもがひと月もしたら一人で海に飛《と》び込《こ》んで独《ひと》り立《だ》ちできたのよ

ところが、このごろは氷が早く溶《と》けちゃうからこんな狭《せま》い浜辺《はまべ》で
出産《しゅっさん》と子育てをしなくちゃならないの。脚《あし》がないわたしたちにとって
砂浜《すなはま》は氷の上とは比《くら》べものにならないくらい身動《みうご》きしにくいの
だから、ほかのアザラシの子どもを押《お》しつぶしたりしないように

気を使わなきゃならないわ

それに、陸《りく》から襲《おそ》ってくる敵《てき》や
気が立った大きなオスのアザラシに子どもを追いかけまわされたりしないか
心配で気が休まらないのよ

氷が溶けてしまう原因《げんいん》は
海の水温が高くなってしまったからだというのだけど
そもそもの原因は人間だって言うじゃない

なんとかしてほしいわ、本当に
この上、氷が溶けて捕《つか》まえやすくなったとか言って
人間がわたしたちを殺《ころ》しに来たら最悪《さいあく》！
まったく、この先どうなっちゃうのかしら……

海は命のゆりかご こわさないで

▶アザラシのアーシィ

[家族と友を失《うしな》った少女]

海に住む生き物たちには国境《こっきょう》はない。アーシィが暮《く》らす海には、さまざまな国の地域《ちいき》から水が流《なが》れ込む。原因不明《げんいんふめい》の病気でつぎつぎに亡《な》くなる仲間《なかま》たち。海で使われた網《あみ》に絡《から》まって苦しんでいるところを助けられた。

海の氷が溶《と》けて動物や人はどんなことに
困《こま》っているのだろう？

気候変動《きこうへんどう》によって海水温が上昇《じょうしょう》したり
海流が変化《へんか》したりすることによって
海の生物にどんな変化が起きているんだろう？

魚などの海の生きものを獲《と》りすぎて
どんどん減《へ》ってきているらしいけど
どうしてそんなに魚を獲るのだろうか？

温暖化《おんだんか》や海洋汚染《おせん》やマイクロプラスチックなどで
被害《ひがい》を受ける海の生きもの
失《うしな》われつつある生物多様性《たようせい》って何だろう？

海の豊《ゆた》かさが陸《りく》の豊かさとつながっているっていうけれど
それってどういう事だろう？

目標 15

森が生きつづけられるようにして

砂漠化を防ぎ　土が悪くなったり

生きものの種類が減らないようにしよう

シロテテナガザルが
よく通る鳴き声をかわしながら
高い木の枝《えだ》から枝《えだ》へと
長い腕《うで》を使って跳《と》び移《うつ》っている

すると、一匹《いっぴき》のテナガザルが
木の枝にぶら下がったまんま
困《こま》ったような鳴き声を上げた

ちょっと待て
この先に進めない
向こうの木には枝《えだ》がない！

ブラキエーション（うでわたり）という技術《ぎじゅつ》で森の中を跳《と》び回《まわ》るシロテテナガザルは
その長い腕《うで》を使って隣《となり》の木の枝《えだ》に跳び移《うつ》れないとそこから先には行けないのだ
その枝《えだ》のない木というのは、アブラヤシの木。森の道をはさんだ向《む》こう側は
右も左もずっと先まで見渡《みわた》す限《かぎ》りアブラヤシが広がっていた

ちょっと旅に出ていた間にこんなことになっているなんて
これじゃ、この先にある僕《ぼく》が生まれた場所に戻《もど》れないじゃないか
父《とう》さんや母《かあ》さんや兄弟《きょうだい》たちにも会いに行けない
どうして昔からあった木をきってしまって
こんな変《へん》な木をたくさん植えてしまったんだろう

物知《ものし》りのオランウータンに聞いたら
この木になる実からパームオイルっていう油を採《と》るために人間が植えたんだって
パームオイルは世界中でいろいろな食べ物や洗剤《せんざい》なんかを作るのに

一番たくさん使われている油なんだとさ

いくら自分たちが欲《ほ》しい油を採るためだってこんな、まるでバカでかい
油工場のようなのを作ってしまったら、たくさんの種類《しゅるい》の木や草や花や
木の実や果物《くだもの》であふれていて、いろんな種類《しゅるい》の虫や鳥や動物たちが住んでいた
豊《ゆた》かな森はもう戻《もど》ってこないじゃないか
アブラヤシなんて僕《ぼく》たちは食べられないし、意味がないね
これ以上《いじょう》広げないでどこかほかのところに作ってもらえないかな
でも、それじゃ別《べつ》のどこかで同じことが起きちゃうか

それにしても、と、シロテテナガザルは考える

人間は何万年も前から生きているのにパームオイルなんか必要《ひつよう》なかったじゃないか
なんで急にこんなことまでして、そんな油が欲《ほ》しくなったんだろう?

世界中の森が毎年どのくらい消えているの？　その原因《げんいん》は何？

環境悪化などによって絶滅《ぜつめつ》してしまう危険《きけん》がある絶滅危惧種《ぜつめつきぐしゅ》の動物や植物が増《ふ》えているけどそれってどんなものだろう？

パームオイルで作られているものってどんなものがあるんだろう？　そんなに使わなくても済《す》むんじゃないの？　もっと環境に良いもので作れないのかな？

動物たちがどんなことに困《こま》っているか知る方法《ほうほう》はあるのかな？　その困《こま》りごとの相談にのってあげることはできるのかな？

野生動物がもともとの住む場所を離《はな》れて村や町にやってくるのはなぜ？

自然を壊してまでつくる価値なんかない

▶オランウータンのウータ

[おっとりとしたフォレストレンジャー]

「森の人」とも言われる仲間《なかま》たちは、森林破壊《はかい》の影響《えいきょう》でこの 20 年間で９割《わり》近い生息地を 失《うしな》い絶滅危機《ぜつめつきき》に瀕《ひん》している。将来《しょうらい》への不安《ふあん》を感じていたウータは、生物学の研究者となり ボルネオの森を見回る毎日。

目標 16

公平で正しいことが行われ
みんなで平和に暮らせる社会をつくろう

コアラがユーカリの木に抱《だ》きついて
葉っぱを食べている

この葉っぱにはタンニンや油がたくさんあって
だれも食べたがらないから取り合いにならないよ
だから安心してゆっくり食べられるんだ
でも、消化に時間がかかるから
あんまりはやく食べられない

何時間もかけてゆっくり噛《か》んで食べて
あとはだいたい寝《ね》ている
いつでも夢《ゆめ》み心地《ごこち》だね
そうやって木の上でのんびり暮《く》らしてるんだ

いつもモグモグ、ウトウトしているからだれも相手にしてくれない
だいたい一人《ひとり》でいるからだれにも気を遣《つか》うことがないし、ケンカもしない
まあ、平和な暮《く》らしだな

だれにも迷惑《めいわく》をかけないからだれとも争《あらそ》わないで
自分のやり方でつましく生きてゆく
それが平和の秘訣《ひけつ》かな。ここらは温かくって、天気もいいから
ずっとそうやってのんきにしていられたんだけど
最近《さいきん》は気温が高くなって、森が乾燥《かんそう》して山火事《やまかじ》が起きるんだ

そうなると僕《ぼく》らはほかのキビキビとした動物のように木の枝《えだ》を跳《と》び移《うつ》ったり
地面を走ったりして逃《に》げることもできないからどうにもならない
たくさんの仲間《なかま》がヤケドをして死んでしまった

親戚《しんせき》のウォンバットはやっぱりのんびり屋で
友だちが少ないけど気のいいやつなんだよ
地面に長いトンネルみたいなすみかを作って住んでるから
山火事《やまかじ》の時はいろんな動物が避難《ひなん》してきたんだけど
どうぞどうぞ、って断《ことわ》らなかったんだ
あの時は、僕《ぼく》もかくまってもらって命拾《いのちびろ》いしたよ

ふだんは自分勝手《じぶんかって》に生きていても
だれにも迷惑《めいわく》をかけなければ平和でいられるけれど
それには十分《じゅうぶん》な食べ物と安心していられる環境《かんきょう》があることが必要《ひつよう》だね

長い間安定《あんてい》していた地球の環境《かんきょう》が変《か》わってしまったら
平和なんて言っていられないよなあ……と思いつつ
コアラはウトウトし始めた

人間はなぜ戦争《せんそう》などという
ばかげたことをするのだろう？

戦争以外《いがい》にも、暴力《ぼうりょく》を受けたり、檻《おり》に閉《と》じ込《こ》められたり
食べるものがなくて死にそうだったら平和じゃないよね
平和って何だろう？

安定した平和な社会を作るには
どうしたらいいのだろう？

いくらみんなが平和に暮《く》らしていても
自然環境《しぜんかんきょう》が破壊《はかい》されて山がくずれたり
川が氾濫《はんらん》したり、山火事になったりすれば
やっぱり平和じゃない

争《あらそ》いや戦《たたか》いや、暴力《ぼうりょく》や犯罪《はんざい》
それに自然災害《しぜんさいがい》などから身を守って
何かあってもお互《たが》いに助け合って
立ち直る方法《ほうほう》はあるのだろうか？

自然を壊して平和でいられるはずがない

▶オンドリのジャン

[美意識《びいしき》の高いジャーナリスト]

パリの小さな出版社《しゅっぱんしゃ》で編集《へんしゅう》の仕事をしている。本業のかたわらで前衛詩《ぜんえいし》を文芸誌《ぶんげいし》に発表するその世界では名の通った詩人。パートナーのベレニスの連《つ》れ子《こ》の影響《えいきょう》で日本のマンガを読むようになった。

17 協力して目標に向かう

目標 17

ずっとつづけてゆける社会をつくるために

世界中の人たちと協力する

大型犬《おおがたけん》のジャーマン・シェパード
災害救助《さいがいきゅうじょ》の隊員《たいいん》と一緒《いっしょ》に出動待機中《たいきちゅう》だ

実は、わたしたちは
人間たちと働《はたら》くのが好《す》きなのです

これから豪雨《ごうう》災害で
被災《ひさい》した人たちの救助《きゅうじょ》に向かいます
暑くても、寒くても
泥《どろ》の中だろうと、雪の中だろうと
平気で任務《にんむ》を果《は》たします

わたしの仲間《なかま》たちは、わたしのように災害救助犬《さいがいきゅうじょけん》のほかにも
警察犬《けいさつけん》、あるいは盲導犬《もうどうけん》や聴導犬《ちょうどうけん》のような介助犬《かいじょけん》として働《はたら》いています
みんなそれぞれ厳《きび》しい訓練《くんれん》を受けて特殊技能《とくしゅぎのう》を身《み》に付《つ》けます
そのほかにも牧羊犬《ぼくようけん》や狩猟犬《しゅりょうけん》などもいます
そこまで専門的《せんもんてき》でなくても、お年寄《としよ》りや手足の不自由《ふじゆう》な人たちのお手伝《てつだ》いをしたり
子どもの遊《あそ》び相手をしたり、番犬《ばんけん》を兼《か》ねてペットとして生活を共《とも》にしたりします

ご存知《ぞんじ》のようにわたしたちの祖先《そせん》はオオカミのような野生動物で
原野《げんや》を駆《か》け回《まわ》って狩《か》りをして暮《く》らしていました
毎日が生きるための戦《たたか》いの連続《れんぞく》だったとも言えます
しかし、人間と知り合い触《ふ》れ合《あ》ううちに人と気《き》が合《あ》うことが分かってきました
そうして何千年、何万年と一緒《いっしょ》に暮《く》らすあいだ
毎日のご飯《はん》をいただく代わりに、わたしたちが出来《でき》ることをして
お役に立とうと決めたのです

おそらくわたしたち犬は、人間と最《もっと》もよく分かりあえる動物だと思っています

とはいえ、ほかの野生動物との関係《かんけい》も人間よりは近いので
人間のみなさんもわたしたちとの付《つ》き合《あ》いを通して
動物たちのことをもっとよく知ってもらえるとうれしいです
自然環境《しぜんかんきょう》の問題や生態系《せいたいけい》の問題は
人間も含むすべての動物に関《かか》わる共通《きょうつう》の問題です
動物たちの置《お》かれている状況《じょうきょう》を知って初《はじ》めて理解《りかい》できるし
人間と動物が協力《きょうりょく》して初《はじ》めて解決《かいけつ》できるのです

これまでわたしたち犬とあなた方が協力《きょうりょく》して
いろいろな問題解決《かいけつ》にあたってきたように
これからはすべての動物と一緒《いっしょ》になって
世界をよくしてゆきましょう

世界中の自然環境《しぜんかんきょう》を守ってゆくには、みんなの協力《きょうりょく》が必要《ひつよう》だね。協力してくれる仲間《なかま》をどうやって集めようか？

ほかの人たちがどういう問題を持っているか、どうやって調べようか？

人間以外《いがい》の動物や植物がどういう目にあって困《こま》っているか、どうやって調べようか？

木や、草や、虫や動物たちが何を感じているかは相手の身になって感じてあげるしかないけれど難《むずか》しかったら直接《ちょくせつ》相談したらどうかな？

目標《もくひょう》や方法《ほうほう》が決まったら
みんなで協力して解決《かいけつ》していこう
それぞれの得意技《とくいわざ》を発揮《はっき》するチャンスだね
自分は何ができるだろう？

それぞれの問題を知って一緒に解決しよう

▶オオカミのマガミ

[間合いをよむ武道《ぶどう》の達人《たつじん》]

日本の伝説《でんせつ》の武道家《ぶどうか》から免許皆伝《めんきょかいでん》を許された創始者《そうししゃ》が中央アジアのサマルカンドではじめた本道場は 100 年の歴史《れきし》をもつ。マガミはこの道場の師範代《しはんだい》として世界の若者たちの心と体を鍛《きた》えている。初めに伝えることは「先手の挨拶《あいさつ》」と「脱《ぬ》いだ靴《くつ》は揃《そろ》えること」。

人間へ

母親象《ぞう》が子象《こぞう》を連《つ》れてゆっくりと歩いている
母親象が訴《うった》えるように、つぶやいた

少なくともわたしたち象《ぞう》は
過去《かこ》に起きたすべてのことを覚《おぼ》えています
人間は、まさか象が過去《かこ》や未来《みらい》のことは
考えるはずがないだろうと思っているらしいけれど

わたしたちは祖先《そせん》が何万年にもわたって
経験《けいけん》してきたことを生きる知恵《ちえ》として受《う》け継《つ》いでいるのですよ

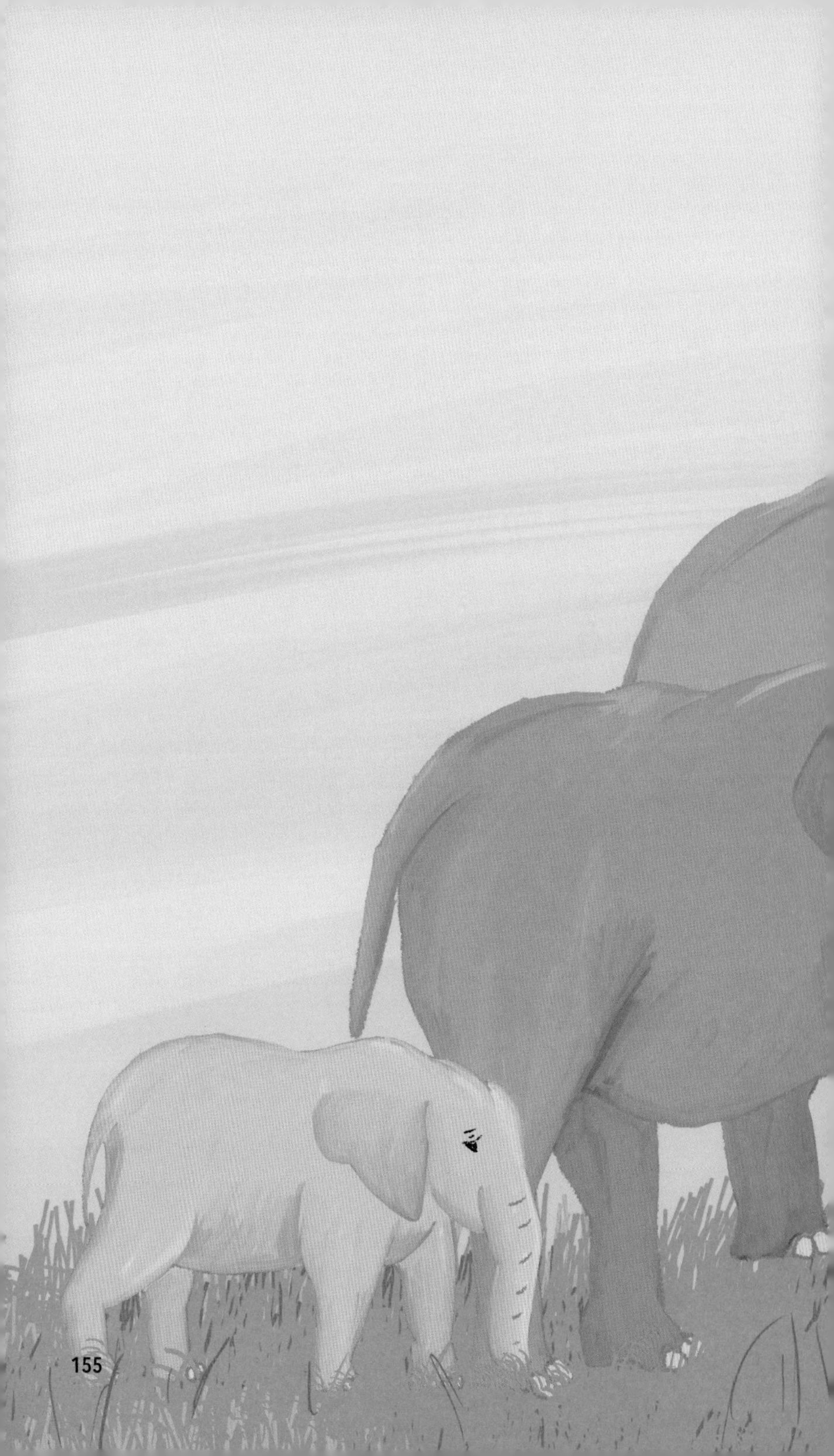

実は、この子の父親《ちちおや》はこの子が生まれて間もなく密猟者《みつりょうしゃ》に撃《う》ち殺《ころ》されました
かわいそうに、父親の立派《りっぱ》な牙《きば》が人間に切り取られるのを見てしまったのです
一生、忘《わす》れないでしょうね
人間に対する憎《にく》しみと恐怖心《きょうふしん》、敵対心《てきたいしん》を持ったまま大人《おとな》になっていくと
人間に出会うたびに攻撃《こうげき》するようになってしまうのではないかと心配です

それにしても、象《ぞう》の牙《きば》が高い値で売り買いされるからといって
自然《しぜん》とともに生き、大地にめぐみをあたえてきた象が殺《ころ》されるなんて
一部の人間たちがわたしたちの牙を欲《ほ》しがり、それを売り買いして商売する人たち
がいる。そういうことが許《ゆる》されない世の中になればいいのです

あらゆる動物にとってそうであるように
象にとっても象の未来《みらい》は子どもの中にしかありません。さらにその先の未来は
その子どもたちのそのまた子どもたちの中にこそあるのです

子どもこそが未来であるし、それ以外《いがい》に未来はないともいえます
人間だって同じはずです。だから、それは世界中のすべての子ども
すべての動物の子どものことなのですね

もし、この子が自分の牙を抜《ぬ》かれる危険《きけん》から身を守るために動物園《どうぶつえん》に閉《と》じ込《こ》められたり、人に飼《か》われて材木《ざいもく》を運んだり、サーカスで芸《げい》をしたりするような、そんな未来しかないなら、わたしたち大人が無事《ぶじ》に生きられたとしても意味はないのです

人間がよりよい未来のために努力目標《どりょくもくひょう》を立てるのなら
自分たちの利益《りえき》を守り、欲望《よくぼう》を満《み》たすためではなく
全《すべ》ては子どもたちのためでなければなりません

子《こ》どもたちが大人《おとな》になったときに、自然といっしょに楽しく暮《く》らせる
社会《しゃかい》をつくることこそが、最終的《さいしゅうてき》な目標です

SDGs の 17 項目《こうもく》のどれか一つの目標《もくひょう》だけを達成《たっせい》しようとすると他の目標の解決《かいけつ》の妨《さまた》げになったりします。例《たと》えば 2 番の食料を確保《かくほ》するために森を畑に変《か》えれば 15 番の陸《りく》の生きものたちが行き場を失《うしな》うこともあります。ほかにどんな矛盾《むじゅん》が考えられるでしょう？

会社はその仕事を SDGs の目標達成《もくひょうたっせい》に合わせることで、企業《きぎょう》活動をつづけてゆけるようにしますが、3 番の健康《けんこう》のためといいながら必要《ひつよう》もない健康食品を作って売るようなことも考えられますね
それを見分けるにはどうしたらいいでしょう？

何をするにしても、SDGs の 17 項目すべてを同時に見渡《みわた》して、そのどれかを目標《もくひょう》にするのではなく
どの目標にも反しないやり方を考えてみましょう

人間はどうしても今生きている自分や自分の仲間《なかま》たちが豊《ゆた》かな暮《く》らしができることだけを考えてしまいがちです
だから、みんなで決めた目標を自分勝手に解釈《かいしゃく》して、自分が得《とく》をするためのいいわけにしてしまいがちなのです
その結果《けっか》、被害《ひがい》を受けるのはだれでしょう？

一番大切なことは、これから生まれてくる子どもたちが暮《く》らす未来《みらい》が、安定した自然《しぜん》環境《かんきょう》の中で楽しく暮らせる世界であることです。そのための条件《じょうけん》が SGDs に描《えが》かれています。想像《そうぞう》できますか？

今の自分のくらしをつづけるためだけにSDGsを利用してはいけません

▶ゾウのゾウママ

［おおらかなビックママ］

ゆっくりと歌うようにしゃべる。小さなことにはクヨクヨしないポジティブシンキングの持ち主。家族からもまわりのゾウたちからも慕《した》われていて、相談ごとをもちかけられる長老《ちょうろう》のような存在《そんざい》。

18 未来の子どもたち

目標18

子どもたちが大人になったとき
自然といっしょに楽しく暮らせる
社会をつくろう！

第二章

未来の子どもたち

ＳＤＧｓの18番 を加えることを提案します

未来《みらい》の社会《しゃかい》に生《い》きるのは
今《いま》の子どもたち
だから、ＳＤＧｓの18番
子どもたちが大人《おとな》になったとき
自然《しぜん》といっしょに楽《たの》しく暮《く》らせる
社会をつくろう！

あらゆる動物にとってそうであるように、人間にとっての未来も目の前の子どもたちの中にしかありません。その先の未来はその子どもたちの、そのまた子どもたちの中にあるのです。子どもたちこそが未来です。しかも、それは自分の子どもではなく世界中の全《すべ》ての子どものことであることは言うまでもありません。もし、好《この》ましい未来のことを考えるのであれば、大人たちが自分《じぶん》たちの未来のことを考えても大きな意味はないでしょう。

SDGsの17項目は全て子どもたちのために設《もう》けられるべきです。貧困《ひんこん》をなくすことは、お金をばらまくことで解決《かいけつ》できることではなく、全ての子どもたちが将来《しょうらい》貧困という状況《じょうきょう》に陥《おちい》らないようにするために何をすべきかを考えて手を打つということです。飢餓《きが》を防《ふせ》ぐというのなら、今、何食かの食事を提供《ていきょう》する以上《いじょう》に、子どもたちがちゃんと食べて生きてゆける仕組みを作ることが重要《じゅうよう》です。健康も教育も何もかもが、子どもたちの未来にどうあるべきかを大きな前提《ぜんてい》としてなすべきことをよく考え、よく話し合い、行動していかなければなりません。

決して、今の事業や体制《たいせい》を維持《いじ》し、拡大《かくだい》するためにSDGsを利用《りよう》してはいけません。もし、子どもたちに好《この》ましい未来をもたらすことができない事業であれば、すぐにやめるべきでしょう。今の体制が子どもたちの好ましい未来につながらないのであれば、直《ただ》ちに解体《かいたい》するべきでしょう。そのようなものを持続可能《じぞくかのう》にするために改良《かいりょう》したり、強化《きょうか》したりすることを考えること自体が、未来の子どもに対する裏切《うらぎ》り行為《こうい》です。

Sustainableということばに「持続《じぞく》できる」という意味があるとしても、1997年以降《いこう》に地球環境という文脈《ぶんみゃく》でその言葉を使う場合には、「現代《げんだい》の文明《ぶんめい》や社会《しゃかい》や経済《けいざい》のシステムをこれ以上つづけると地球の自然環境《しぜんかんきょう》自体を持続《じぞく》させることができない」つまり、“unsustainable”であるから、それに代わる“Sustainable”な、つまり持続可能《じぞくかのう》な文明《ぶんめい》、社会《しゃかい》、経済《けいざい》システムをデザインして実現《じつげん》しなければならないという意味で使われていることを理解《りかい》しなければなりません。

ですから、SDGsも自然環境と未来、つまり子どもたちと離《はな》れて考えることはできません。

1番から17番までの全ての目標の前提《ぜんてい》として18番目に**「子どもたちが大人になったとき、自然《しぜん》といっしょに楽しく暮《く》らせる社会をつくろう！」**を加《くわ》えましょう。

益田文和

Designed by Fumikazu MASUDA

動物の目でわたしたち自身を見てみる

動物の目で人間がやっていることを見る、それは、わたしたち自身の活動や社会の姿を外《そと》から見る、つまり冷《さ》めた目で客観的《きゃっかんてき》に観察《かんさつ》して、考え直《なお》すための仕掛《しか》けです。

人間はどうしても自分が食べたいものを食べて、欲《ほ》しいものを手に入れて、毎日毎日、そしてこれからもずっと、不安《ふあん》のないよりよい生活をしたいと考えてしまいます。そのためには、ほかの動物や生きものに負けないで、そして人間社会の中での競争《きょうそう》に勝って、よりよい仕事について、なるべくたくさんお金を儲《もう》けて、よい街《まち》にあるよりよい家に住んで、健康《けんこう》で長生きして、楽しい人生を送ろうと考えます。

確かに、自然災害《しぜんさいがい》や病気や戦争などの争《あらそ》いごとや、事故や、いろんな失敗をおかす心配があるし、結局《けっきょく》は歳《とし》を取っていつか死んでしまうのだけれど、生きている間は幸せを感じていたいというのは、ほかの動物と同じかもしれません。

しかし、人間以外《いがい》のたくさんの動物と比べてみれば、わたしたち人間がこの地球上に一番後に生まれてきたのに、圧倒的《あっとうてき》に強くて、独《ひと》り勝ちのように見えます。そうして地球の自然や生きものたちも自分たちのものだと決めつけて、好《す》きなように利用しています。

そういう人間がどんどん増えていったために、最近になっていろいろな問題が起こっているということがわかってきました。ところが、そういう地球レベルの大きな問題と自分自身の日々の暮《く》らしの関係《かんけい》は捉《とら》えにくいし、その問題解決のために自分自身のささやかな日常を変《か》えることは難《むずか》しいと思ってしまうかもしれません。

自分を含《ふく》む普通《ふつう》の人間がやっていることを、動物になったつもりで、ちょっと外から眺《なが》めてみたのがこの『どうぶつに聞いてみた／アニマルSDGs』という本の仕掛《しか》けです。もちろん、本当の動物がこの本に描かれているように見たり考えたりしているわけではありません。これは、あくまでも架空《かくう》の物語ですから。

動物から見た世界

それでは本当の動物は同じこの地球の上にいて、何を見て、何を感じているのでしょう?

そのことを知りたいと考えたヤーコプ・フォン・ユクスキュルという学者がいました。ユクスキュルは、エストニアに生まれてドイツで研究活動を行っていましたが、１９３３年に書いた本の中で、ウンヴェルト(umwelt)という言葉で、その世界を説明しています(その本は１９７３年に『生物から見た世界』として思索社から出され、のち同書は２００５年に岩波文庫から出されています)。翻訳《ほんやく》にあたった生物学者の日高敏隆《ひだかとしたか》さんと羽田節子《はねだせつこ》さんはumweltを「環世界《かんせかい》」と訳《やく》しています。

ユクスキュルは、この地球上にいる数えきれない種類の動物や植物は皆違《みなちが》う感覚《かんかく》と考え方でそれぞれ自分たちが生きている周《まわ》りの世界を捉《とら》えていて、それらはすべて異《こと》なる環世界なのだという。従《したが》って、人間はヒトの環世界を、世界だとか自然環境《しぜんかんきょう》だと思い込んでいるけれど、それはほかの生物が棲《す》んでいる環世界とは異なるものなのです。

言い換《か》えれば、人間が捉《とら》えている世界にほかの生物が棲《す》んでいると考えるのは間違《まちが》えで、ヒトの環世界と、犬の環世界と、ゴキブリの環世界と、……が重《かさ》なり合《あ》って一つの空間と時間を共有《きょうゆう》しているというような風《ふう》に考えればいいでしょう。

人間は世界で一番強くて偉《えら》いと考えているから、自分たちの考え方が正しくて、自分たちが見て、聞いて、触《ふ》れて、嗅《か》いで、味わっている世界の中に、ほかの生きものが生きていると考えてしまうけれど、それは間違《まちが》いで、人間が自分たちの感覚で捉《とら》え、頭で考えている自然環境のようなものは存在《そんざい》しない。それはあくまでも人間の環世界に過《す》ぎないというのです。

それでは、他の生物の環世界はといえば、それは想像《そうぞう》する以外《いがい》にないのです。

だからこそ、わからないからこそ、それらを尊重《そんちょう》し、その無数《むすう》にある環世界を必要以上に侵《おか》すことがないようにしなければならないのです。

サステナブルデザインということ

わたしたち人間が地球の上でやっていることを客観的《きゃっかんてき》に見つめなおすこと。

この地球の上で、人間よりはるかに長い間生《い》き続《つづ》けて来た人間以外の生きものが、どうやって生きているのかに興味《きょうみ》をもって知ろうとすること。

その二つの見方《みかた》でSDGsというサステナブルな開発目標《かいはつもくひょう》を眺《なが》めてみるといろいろなことが見えてきます。

まず、サステナブル（sustainable）という言葉の意味です。

それはそもそもこの世の中は、よくわからない大きな力か仕組《しくみ》か法則《ほうそく》か何かによって支《ささ》えられている。それを無視《むし》して人間がどんどん開発《かいはつ》を進《すす》めたら、人もそれ以外の生きものもこれまでのよう

には地球に住めなくなる。だから、その支《ささ》えられている状態《じょうたい》を保《たも》たなければならない、というのがサステナブルの意味です。

それでは今、人間の社会が抱《かか》えている問題を、そのサステナブルの範囲《はんい》でどうやって解決《かいけつ》できるだろうか？　というのがSDGs (Sustainable Development Goals) です。しかし、実際《じっさい》には人間が使うエネルギーや、自然の資源《しげん》を使って作り出すものや、使う水や食べるものが、すでにサステナブルな限界《げんかい》を超《こ》えてしまっていると言われていて、もしそうなら全体として元《もと》に戻《もど》す努力《どりょく》をしなければなりません。

言い換《か》えれば、わたしたちが、この地球上で他の生きものと共生《きょうせい》しながら、将来《しょうらい》もサステナブルな状態《じょうたい》で暮《く》らしてゆける社会の姿《すがた》を描き出す必要があります。そして、多くの人と合意《ごうい》の上で、それを実現《じつげん》するための道筋《みちすじ》をつけるデザインをしなければなりません。わたしたちは、それをサステナブルデザインと呼《よ》んでいます。

1／3は 自分のために
1／3は 動物（自然）のために
1／3は 未来のために

動物かんきょう会議

動物キャラクターたちからの
メッセージ

『動物かんきょう会議』から生まれた『アニマルSDGs』

動物かんきょう会議は「地球をもっと見てみよう！」を合言葉《あいことば》に1997年の地球温暖化防止京都会議《おんだんかぼうし》（COP3）をきっかけにはじめたプロジェクトです。

こんな環境《かんきょう》問題だらけの地球にしたのは人間だから……
人間の大人《おとな》たちからの学びだけで
本当にいいのだろうか？
むしろ、人間からたくさんの被害《ひがい》を受け続けている
動物たちと対話することが大切ではないだろうか
さあ、今こそ、動物たちと相談しよう！

このメッセージは、2015年からはじめた体験対話型《たいけんたいわがた》ワークショップ『せかい！動物かんきょう会議』に参加する世界の子ども・若者たちに向けて宣言《せんげん》したものです。

The Animal Conference on the Environment

Let's take a closer Look at the Earth !

地球をもっと見てみよう！

金なんか
みんなに配って
しまえば
いいんだ

ワシのワッシ

p.22

足りなきゃ
分けろ。
分ければ足りる。

トラのトラジー

p.30

体や心が
弱った人を
皆で支え
合うのです

ウサギのDr. ラビ

p.38

知りたいことがいっぱい
一生学びつづけるわ

カンガルーのルーポとジョーイ

p.46

だれも自分で選んで
女や男に
生まれたんじゃない

タヌキのタック
p.54

水は
みんなのものだけど
だれのものでもない

金魚のリュリュ
p.62

きれいな
エネルギーで
クールに
生きてみよう

パンダのダダ

p.70

どうせなら
やりがいのある
仕事ができるといい

ハリネズミのハリィ

p.78

良い土壌には美しい花が咲き甘い実がなる

クマのターニャ

p.86

不公平は思いやりがなければ見えてこない

のら猫のクロッチ

p.94

安心して住める
居心地の良い町を
つくろう

ビーバーのイーヴァ
p.102

責任を持って作り
責任を持って使うべし

イグアナのイーグとガーラ
p.110

人間は肉を食うな

ワニのワニール

p.118

海は命のゆりかご こわさないで

アザラシのアーシィ

p.126

自然を壊してまで
つくる価値
なんかない

オランウータンのウータ

p.134

自然を壊して
平和でいられる
はずがない

オンドリのジャン

p.142

それぞれの問題を知って
一緒に解決しよう

オオカミのマガミ

p.150

今の自分のくらしを
つづけるためだけに
SDGsを利用しては
いけません

ゾウのゾウママ

p.158

あとがき

人間中心の発想はもう限界。発想を転換しよう

豊かな国がある
　その一方で世界のどこかの国が貧しくなる
わたしは幸せな生活を享受《きょうじゅ》する
　その一方で世界のだれかが不幸な生活を耐《た》え忍《しの》ぶ
人類は繁栄《はんえい》する
　その一方で動物たちはより苦しみ、絶滅《ぜつめつ》へと向かっている

地球上の哺乳類《ほにゅうるい》は重量比で34%が人間で、62%が家畜《かちく》、野生動物はわずか4%という研究報告*1がある。人間と家畜をあわせて96%。また海の中では、2050年にはプラスチックの重量が魚の重量を超えるという試算もある。想像してみよう。それが人間中心で発想し、行動してきた結果なのだと。

一方で、世界は気候変動、紛争《ふんそう》や戦争、貧困格差など悪化《あっか》の一途《いっと》をたどり、明るい未来は描きにくい。さらに、専門家、科学者、環境活動家たちの多くは「人類が技術革新《かくしん》と経済成長の結果、みずからを滅《ほろ》ぼしている現実」を嘆《なげ》くばかりで、改善《かいぜん》の糸口がなかなかみえない状況《じょうきょう》である。

*1 : Our World in Data
"Wild mammals make up only a few percent of the world's mammals"
https://ourworldindata.org/wild-mammals-birds-biomass

さてここで、「発想の転換《てんかん》」をしてみるのはどうだろう。

『アニマルSDGs』は、『人間SDGs』への逆提案である。人間たちがしていることに対して、多様な生きものたちが多角的な視点で本質《ほんしつ》を問いかけていく。人類の先輩《せんぱい》でもあり、持続可能な環境（生態系）を生きぬいている動物たちとの対話をとおして、あるべき共生の姿に、自らが気づいていくことを促《うなが》していくのである。

昨今のドキュメント番組などでは、深刻《しんこく》な現状を伝えた後、番組最後に司会者が「これからは一人ひとりが考えていかなければなりません」との言葉で番組を締《し》めるのだが、そもそもわたしたちは「考える」ということはどういうことかを経験してこなかったのではないだろうか。「考える」基盤《きばん》がない、または育たない。「自分軸《じぶんじく》」がないから対話ができない。「自己肯定感《じここうていかん》」が低いから自ら考えることを諦《あきら》めてしまう。だから、答え（らしきもの）を「探す」、答えがでないとイライラする。他人のせいにする、炎上《えんじょう》する。これらは、「クイズ文化の日本社会」の環境問題でもあるのではないだろうか。

はじまりは「地球温暖化防止京都会議」

動物かんきょう会議は、1997年の地球温暖化防止京都会議COP3をきっかけにはじめたプロジェクトである。人間会議はそれぞれの利害関係《りがいかんけい》が中心になるから、むしろ人間という枠《わく》を超《こ》えた立場で考えた方が「いい案」が生まれるのではないかと閃《ひらめ》いたのだ。動物目線で世界をみてみると、国とか国境、民族、宗教、性別、世代などの壁《かべ》はとりはらわれ、まったく違《ちが》う世界が見えてくる。異文化コミュニケーションでは、異文化の壁は乗り越えるものではなく、消し去るという考え方がある。「動物になって、地球をもっと見てみよう」はその一つの手法と考えている。今、このプロジェクトでは、①絵本 ②アニメーション ③体験対話型メソッドなどを組み合わせて、AI時代を生きるこれからの世代《せだい》に必要な3つの力

1 クリエイティブ（主体的に考え、自発的に行動できる力）な能力《のうりょく》を高めること

2 自己肯定感を高めること

3 自分と他者との関係性への気づきを育むこと

を目的にした次世代人材育成プログラムが完成し、国内外で研修やワークショップを実施している。

共感力を高め、自分ごとにしていく「ポジションチェンジ」

わたしたちは自分中心に損得《そんとく》でものごとを考えてしまいがちである。「相手の立場になって考える」ことはとても難《むずか》しいことだ。であるからこそ、自分視点（人間視点）をやめて、動物視点というポジショ

ンに立ち位置を変えて考えてみる、この非日常体験がおもいがけない気づきをもたらす。

デザインの現場ではよく「虫の目線《めせん》（分析する）」「鳥の目線（俯瞰《ふかん》する）」「魚の目線（時代の流れを読む）」などと多角的《たかくてき》に考える発想のテクニックを比喩《ひゆ》として語るのだが、『アニマルＳＤＧｓ』では、ミミズやカラス、さらにはシロテテナガザルといった具体的なさまざまな種類の生きものになって考えてみる。その時、人間と動物の間《あいだ》のポジション「動物キャラクター」を創作《そうさく》するとより効果的だ。それは人間寄《よ》りの擬人化《ぎじんか》ではなく、むしろ逆、動物寄《よ》りの擬動物化《ぎどうぶつか》である。さらには、彼らの「環世界《かんせかい》」へとイメージを広げていく。このようなプロセスをとおして、わたしたちは人間以外の生きものの世界に気づき、関心をもって彼らの生き方《かた》、生き様《ざま》に学び、共感していくことができるのである。

動物園・水族館・科学館での体験対話型ワークショップ

山口県宇部《うべ》市の「ときわ動物園」のアジアの森林ゾーンでは、類人猿《るいじんえん》であるシロテテナガザルが枝《えだ》から枝《えだ》へのびのびと移動している様子を観察できる。このシロテテナガザルの生息地である東南アジアでは森林が伐採《ばっさい》され、代わりに植えられているのはパーム油製造のためのヤシの木だ。人間は「木を伐採した後に植物を植えているので問題はない」と考えているかもしれないが、枝のないヤシの木につかまることができないシロテテナガザルは移動ができずに生息地《せいそくち》が分断《ぶんだん》され、悲惨《ひさん》な状況に陥《おちい》っているのだ。この状況に驚《おどろ》いた子どもたちは「なぜ人間たちはそんなに油が必要なの？」と疑問《ぎもん》を持ちはじめる。さらにヤシを原料とするパーム油がわたしたちの日常生活で使用する加工食品や洗剤《せんざい》などの原材料となっていることを知った時、自分自身がシロテナガザルを苦しめている当事者《とうじしゃ》であることに気づくのだ。このように動物園・水族館や科学館は、飼育《しいく》動物や展示物を観察しながら対話することで、世界の環境問題を自分ごととして感じて考えられる絶好《ぜっこう》の「学びの場」としての役割を発揮《はっき》できるのだ。

デザイン思考の一歩先、サステナブルデザイン思考へ

人間はだれもが「目先《めさき》の課題を解決する思考パターン」に陥る。その結果「目先の課題」は解決したが、新たに「別の問題」を発生させてしまう。その繰《く》り返《かえ》しが地球環境を悪化させてきた。例えば、プラスチック問題。30年前はペットボトルは少なく、利便性《りべんせい》の追求《ついきゅう》からビンや缶《かん》はペットボトルへと置きかわり、世界中の海がプラスチックで汚染《おせん》されてしまった。目先の課題だけしか考えないこの近視眼《きんしがん》的発想（失敗）を繰《く》り返《かえ》さないために、ＳＤＧｓでは「デザイン思考」が大切と言われている。今ある課題に対して、将来《しょうらい》の「あるべき姿」を明確《めいかく》にして、そこを目指して行動するという考え方だ。

しかし、「あるべき姿」をイメージする視点が自分本意《じぶんほんい》だったり、人間中心視点でしかなかった

としたら、これまでと何も変わらないはずだ。『アニマルＳＤＧｓ』は、多様な生きものたちとの多角的《たかくてき》な対話をとおして気づきを深めていく「サステナブルデザイン思考」なのである。

未来の子どもたち。ＳＤＧｓの18番

本書『どうぶつに聞いてみた／アニマルＳＤＧｓ』は、小学４年生以上から社会人までを対象にしている。まず動物たちからの訴《うった》えや問いに対して一人で向き合い考えてみてほしい（答え探しではなく）。そして自分で考えたことを友人や家族、同僚《どうりょう》、留学生《りゅうがくせい》、子ども、世界の人たちなどに伝え、対話をしてほしい。対話を通して自分自身の考えが深まっていくことを感じるだろう。そして、この他者と共感しあい思考が深まっていくプロセスが楽しいと気づくはずだ。自分の力で考えたことは実現《じつげん》したくなる。ここまでくれば簡単には諦《あきら》めない原動力が自分自身に備《そな》わった状態といえるだろう。

たったひとつの目標『未来の子どもたち。子どもたちが大人になったとき、自然といっしょに楽しく暮らせる社会をつくろう！』を目指《めざ》して今こそ行動をはじめよう。

イアン筒井

２０２４年５月

動物かんきょう会議プロジェクトの沿革

【Ⅰ】絵本マガジン・動物キャラクター

1997 ■地球温暖化防止京都会議ＣＯＰ３の開催と同時に、堀場製作所の環境ＷＥＢマガジン「ＧＡＩＡＰＲＥＳＳ」上で『動物かんきょう会議』の連載をはじめる

2002 ■堀場製作所がオフィシャルパートナー。出版化で博進堂がプロジェクトパートナー

■絵本シリーズ『動物かんきょう会議』❶を発行。その後、韓国、台湾で発行

■読者同士が動物アバターで対話できるＩＴシステム『i debut（アイ・デビュー）』を公開

2003 ■東京造形大学教授 益田文和がデザイン学科にサステナブルプロジェクト専攻領域を開設（～2011）

■月刊誌「ソトコト」（発行：木楽舎）で連載をはじめる

2004 ■絵本シリーズ『動物かんきょう会議』が全国学校図書館協議会《選定図書》

2007 ■東京コンテンツマーケットＴＣＭアワード２００７《静止画部門　奨励賞》受賞

2008 ■東京国際映画祭関連イベントＴＩＦＦＣＯＭ／ＴＰＧ ２００８作品選抜［経産省］

2009 ■ＦＯＲＵＭ ＩＮＴＥＲＮＡＴＩＯＮＡＬ ＣＩＮＥＭＡ＆ＬＩＴＴＥＲＡＴＵＲＥ 主催者より招待［モナコ公国］

【Ⅱ】アニメーション・体験対話型メソッド

2010 ■アニメーションシリーズ『動物かんきょう会議』（1話5分・全20話）❷
ＮＨＫ Ｅテレ全国地上波放送［日中共同制作　動物かんきょう会議製作委員会］

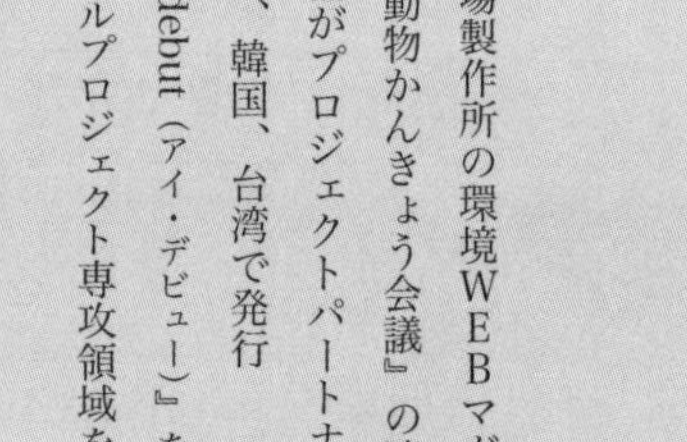

❶ 絵本シリーズ

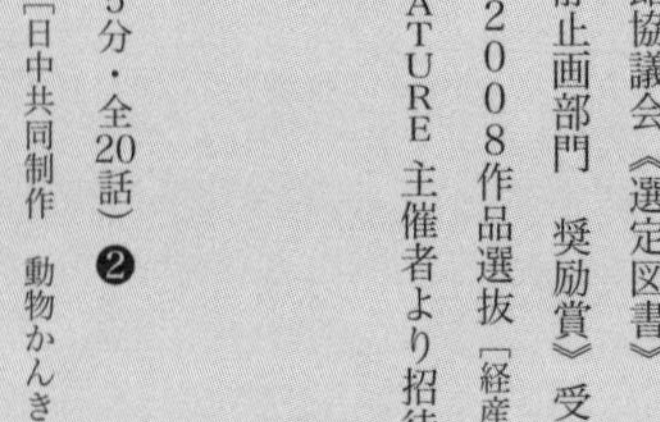
❷ アニメーションシリーズ

2011
■生物多様性名古屋会議 COP10「地球いきものEXPO in モリコロパーク」でアニメ放映
■第19回地球環境映像祭《子どもアースビジョン賞》受賞
■「新宿区と動物かんきょう会議からの節電のお願い」動画を1年間放映［新宿区］
■公立小学校でアニメを活用した教室版「動物かんきょう会議」をはじめる ❸［新宿区・豊島区］

2012
■NHK DVD教材『動物かんきょう会議』（映像＋学習指導案）を発売［NHKエンタープライズ］
■世界4カ国の子どもたちと「動物かんきょう会議ワークショップ」を開催 ❹［OISCA］
■フランス・アヌシー国際アニメーション見本市MIFAに作品出展

2013
■公益財団法人OISCAとフィジー、タイ、インドネシア、日本の4カ国の森をテーマに
電子紙芝居企画「世界の森のおはなし」を制作
■第2回ESD環境学習モデルプログラムに採択［環境省］

2014
■ESDの10年・地球市民会議2014でワークショップを開催［国連大学］
■ESDフェスタ2014秋in東京でワークショップを開催［日本科学未来館］
■**体験対話型プログラム『せかい！動物かんきょう会議』をはじめる**

2015
■新潟大学・青山学院大学・獨協大学・東京富士大学・デジタルハリウッド大学の学生向けに演習
■15周年記念事業「アクティビティガイドブック＋ワークブック（全7巻セット）」を発行
■カナダ・ケベック州アニメーション関連企業と共同開発合意［JETRO／練馬アニメーション］
■ミャンマー×モンゴル×日本「せかい！動物かんきょう会議 in 練馬区立美術館」を開催 ❺

2016
■『動物かんきょう会議メソッド』『キャラクターラーニングメソッド』が完成

❸ 教室版「動物かんきょう会議」

❹ 動物かんきょう会議ワークショップ

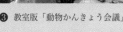

【Ⅲ】世界の子どもたち・動物たちと対話

2017 ■社会人向けワークスを実施［大手町 3x3 Lab Future・TIPS］

■第11回キッズデザイン賞《優秀賞　消費者担当大臣賞》受賞❻［キッズデザイン協議会］

■カイ日本語スクールの留学生×子どもたち「せかい！動物かんきょう会議 in 大久保」

■インドネシア×ミャンマー×青山学院大学「せかい！動物かんきょう会議 in 伊豆ユネスコ」

■東京農工大学とテーマ「心の健康」共同研究　工学部・農学部大学生を対象に研究実施［東京農工大学 保健管理センター／東京都中小企業振興公社］

■『せかい！動物かんきょう会議』国内・海外参加者3000人

2018 ■**『せかい！動物かんきょう会議 in SDGs 未来都市 UBE』をはじめる**❼［主催：山口県宇部市］

■国内初の全園で生息環境展示の「ときわ動物園」と連携し、「シロテテナガザル・ニホンザル・カワウソ・ワオキツネザル」と対話するプログラムを制作❽

■彫刻家 藤戸竹喜氏による作品「熊の神と鮭の神の神話」と邂逅《かいこう》［阿寒摩周国立公園］

2019 ■アイヌの長老 浦川治造エカシとのら猫クロッチが対話する物語『友送《ともおく》り』を発行

■「第20回絶滅種鎮魂祭《ぜつめつしゅちんこんさい》・地球における人間の役割とは」に参加［北海道弟子屈《てしかが》町］

2020 ■次世代人材育成プログラムの担い手「インストラクター養成・基礎」をはじめる

■「美祢《みね》！動物かんきょう会議」がはじまる［協力：秋吉台サファリランド・美祢市観光協会］

■新型コロナウイルス（COVID-19）パンデミック。リモート版「地球会議」をはじめる

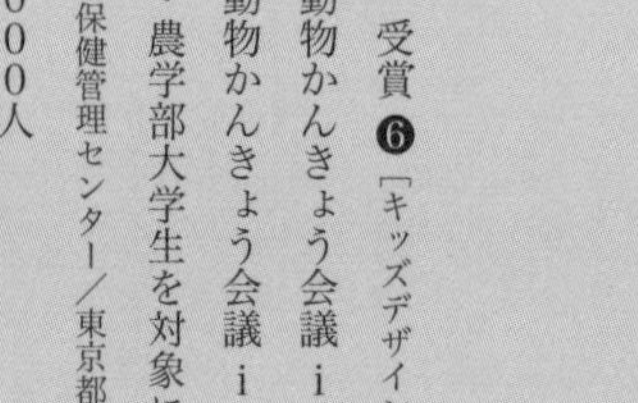

❺ 日本と世界の子どもたちが創発

KIDS DESIGN AWARD 2017

❻ 第11回キッズデザイン賞「優秀賞」

【Ⅳ】アニマルＳＤＧｓ・サステナブルデザイン演習

２０２１ ■三鷹ネットワーク大学、東京農工大学（朝岡幸彦教授）と「家畜と人間」プログラムを共同制作
■「牛が語る気候変動」糸あやつり人形の芝居［一糸座］

２０２２ ■『ＳＤＧｓの１８番』の活動展開を目的に一般社団法人ＳＤＧｓワークスを設立
■次世代人材育成プログラムの担い手「インストラクター養成・中級」をはじめる
■「静岡！動物かんきょう会議」「富士！動物かんきょう会議」をはじめる

２０２３ ■亜細亜大学（岡村久和教授）と「ＡＩ自動通訳システムを活用した地球会議」共同研究
■『せかい！動物かんきょう会議』国内・海外参加者１００００人
■「広陵！動物かんきょう会議」がはじまる［主催：奈良県広陵町］
■「札幌！カムイかんきょう会議」がはじまる［主催：ライオンズ国際協会］
■「オオワシ・ヒグマ・オオカミ」と対話するプログラムを制作［協力：札幌市円山動物園］
■金沢美術工芸大学・名古屋学芸大学・桑沢デザイン研究所「サステナブルデザイン」演習
■品川区・武蔵野市・相模原市「アニマルＳＤＧｓ」「デザインの視点からみるＳＤＧｓ」
■山口情報芸術センター「あそべる図書館／動物が語るＳＤＧｓ」

２０２４ ■IUD (International Universal Design)「サステナブルデザイン特論」
■『どうぶつに聞いてみた／アニマルＳＤＧｓ』を発行（日本語版・英語版）
■『ニンゲンに聞いてみた／アニマルＳＤＧｓ』を発行

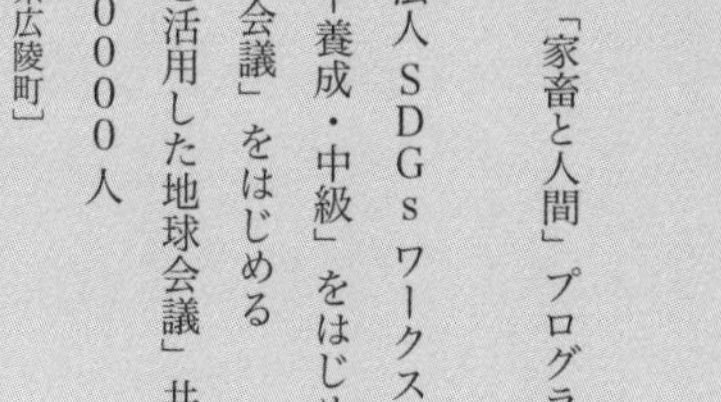

❼ SDGs 未来都市 UBE　全体会議

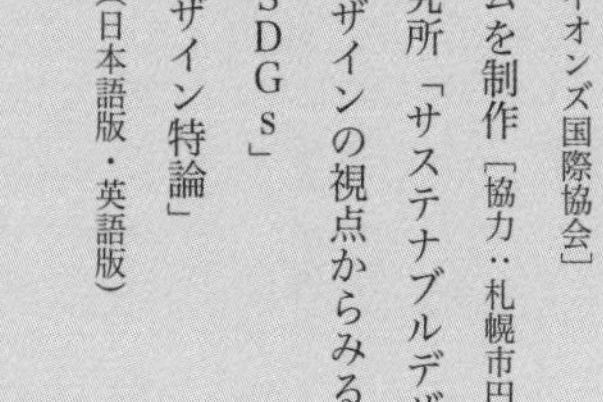

❽ ときわ動物園のシロテテナガザル

■ 著者　益田文和　Fumikazu MASUDA

1970年代から様々な製品をデザインしながら、常に地球環境のことが気になっていた。エコデザインやサステナブルデザインを研究、実践しながら、母校東京造形大学をはじめ国内外で教育にかかわってきた。1991年に設立したデザイン会社オープンハウスを12年前に東京から山口県のオフグリッドの森に移し、自然の中に棲む動物たちとデザインを考えたり、SDGsの18番を提唱したりしている。環境省グッドライフアワード実行委員長、キッズデザイン賞審査委員長ほか、複数のデザイン賞審査員を務める。

■ 著者　イアン筒井　IAN TSUTSUI

本田技術研究所（HONDA R&D）を経て、1995年ヌールエ デザイン総合研究所を創立。1997年の地球温暖化防止京都会議（COP3）をきっかけにはじめた『動物かんきょう会議』プロジェクトの原作者＆総合プロデューサー。絵本シリーズは全国図書館協議会選定図書に選ばれる。アニメシリーズ（全20話）をNHK Eテレで全国地上波放送する。小学生から大学生・社会人を対象に、動物になって考えることで既成概念の枠をはずし、自由でクリエイティブな発想ができる人材の育成を進めている。

■ 絵　藤田咲恵　Sakibo

桑沢デザイン研究所卒業後、陶磁器メーカーを経て渡仏。帰国後はデザイン会社のスタッフの傍ら、フリーのイラストレーターとして日々イラストを制作。最近では動物、中でも虫の世界に興味を持ち、絵本を作ったり、食器や衣装などに虫を描いている。

■「動物かんきょう会議」原作者　マリルゥ　Marie Loo

ベルリン自由大学で体験した「世界各国の留学生との異文化交流」が、絵本『動物かんきょう会議』を創作する契機となる。シナリオ執筆とキャラクターづくりを担当。子どもたちが動物に関心と共感を持ち、動物たちのことを「共に生きる仲間」と感じてくれるよう活動を続けている。

アニマル SDGs
どうぶつに聞いてみた

発行日　2024年5月9日　第1刷発行

著者　益田文和　イアン筒井

絵　藤田咲恵
監修　ときわ動物園
キャラクター監修　マリルゥ

発行者　筒井一郎
発行所　株式会社 ヌールエ デザイン総合研究所
〒160-0022　東京都新宿区新宿 2-2-1 ビューシティ新宿御苑 904
連絡先　sdgsworks@icloud.com
https://nurue.com

発売元　株式会社 太郎次郎社エディタス
〒113-0033　東京都文京区本郷 3-4-3-8F
電話　03-3815-0605
http://www.tarojiro.co.jp

印刷・製本　株式会社 光邦

ブックデザイン　赤城承人
校正　櫻井隆一

Printed in Japan　ISBN978-4-8118-5011-5